Lektüre easy

Alfred Andersch

Sansibar oder der letzte Grund

von

Kai Metzger

Klett Verlag
Stuttgart Düsseldorf Leipzig

Die Seitenangaben beziehen sich auf folgende Textausgabe:
Alfred Andersch, Sansibar oder der letzte Grund, Zürich (Diogenes) 1999.

Gedruckt auf Papier,
das aus chlorfrei gebleichtem
Zellstoff hergestellt wurde.

9 783129 280911

Die Deutsche Bibliothek – CIP-Einheitsaufnahme

Ein Datensatz für diese Publikation ist bei
Der Deutschen Bibliothek erhältlich

Auflage 4. 3. 2. 1. | 2004 2003 2002 2001
Die letzten Zahlen bezeichnen jeweils die Auflage
und das Jahr des letzten Druckes.
Dieses Werk folgt der reformierten Rechtschreibung und Zeichensetzung.
Ausnahmen bilden Texte, bei denen künstlerische, philologische oder lizenz-
rechtliche Gründe einer Änderung entgegenstehen.
Umschlagabbildung: Isolde Ohlbaum, München
Alle Rechte vorbehalten
© Ernst Klett Verlag GmbH, Stuttgart 2001
Internetadresse: http://www.klett-verlag.de/klett-lerntraining
E-Mail: klett-kundenservice@klett-mail.de
Umschlaggestaltung: Bayerl & Ost, Frankfurt / Main
Innengestaltung: Kirsten Brückmann, Stuttgart
DTP: Bettina Herrmann, Stuttgart
Druck: Wilhelm Röck, Weinsberg
ISBN: 3-12-928091-X

Inhalt

Der Inhalt in Kürze

In der kleinen Ostseehafenstadt Rerik treffen im Herbst 1937 fünf Personen zusammen.

Der junge Kommunist Gregor und die Jüdin Judith wollen über die Ostsee nach Schweden fliehen, weil sie von den Nationalsozialisten verfolgt werden. Ein Schiffsjunge will ausreißen, um aus Abenteuerlust auf große Fahrt zu gehen. Der Fischer Knudsen denkt ebenfalls über Flucht nach, ist aber durch seine kranke Frau an Rerik gebunden. Pastor Helander, selbst todkrank, möchte eine Plastik aus seiner Kirche in Sicherheit bringen. Diese Plastik, die Figur eines „Lesenden Klosterschülers" schwebt in der Gefahr, von den Nationalsozialisten vernichtet zu werden.

Gregor und Knudsen organisieren die gefährliche Aktion zur Rettung Judiths und des „Klosterschülers", um auf eigene Faust etwas gegen die Nationalsozialisten zu unternehmen. Judith und der „Klosterschüler" werden nach Schweden gebracht. Der Junge, der eigentlich bei dieser Gelegenheit davonlaufen wollte, kehrt mit Knudsen nach Rerik zurück. Pastor Helander provoziert einen Kampf mit Beamten der politischen Polizei und wird erschossen.

Gregor beschließt, die Aktion nicht zu seinem eigenen Vorteil zu benutzen und fährt nicht mit nach Schweden. Aus den Geschehnissen geht er mit neuen Einsichten, aber auch neuen Zweifeln hervor: „Alles muß neu geprüft werden (...)." (144)

Überblick über den Aufbau des Romans

Der Roman „Sansibar oder der letzte Grund" ist einfach konstruiert. Er spielt in einer kleinen Hafenstadt namens Rerik, im Laufe eines Tages und einer Nacht.

Fünf Personen werden vorgestellt. Drei von ihnen, der Junge, der Pfarrer und der Fischer, leben in der Stadt und denken darüber nach, sie zu verlassen; zwei von ihnen, der Politiker und die Jüdin, sind eigens nach Rerik gekommen, um hier ihre Flucht zu bewerkstelligen.

Die fünf Personen treffen in unterschiedlichen Konstellationen zu zweit und zu dritt zusammen. Jede Person trifft jede andere Person mindestens einmal. Zum Ende des Romans, als eine Flucht tatsächlich stattfindet, treffen sich vier Personen. Ein Zusammentreffen aller fünf Personen kommt nicht vor.

Jeder Einzelauftritt und jede neue Gruppierung der Personen wird in einem eigenen Kapitel geschildert. Meist beginnen die Kapitel mit dem Zusammentreffen der Personen und enden mit ihrer Trennung. Der Roman besteht aus 37 Kapiteln, und die Kapitelüberschriften nennen die Namen der auftretenden Personen.

Lediglich der Junge wird, wenn er mit den anderen Personen zusammentrifft, in der Kapitelüberschrift nicht genannt. Dafür sind 19 der 37 Kapitel allein ihm und seinen Gedanken vorbehalten. Diese Kapitel sind alle erheblich kürzer als die übrigen, manchmal bestehen sie nur aus wenigen Zeilen.

Der Junge steht außerhalb der Handlung und Personenkonstellation, weil er von den Erwachsenen nicht ins Vertrauen gezogen wird. Er bringt aber auch für die ihn umgebende Situation kaum Interesse und Verständnis auf. Die innere Entwicklung des Jungen verläuft parallel zum äußeren Geschehen. Während die Erwachsenen den Zwängen und Drohungen der äußeren Situation zu entfliehen suchen, entflieht der Junge der Ichbezogenheit der Kindheit. Am Ende des Romans ist der Junge im Leben der Erwachsenen angekommen.

Rerik, die kleine Hafenstadt, welche die Personen sehnlichst zu verlassen wünschen, wird nicht verlassen. Die Personen treffen sich an

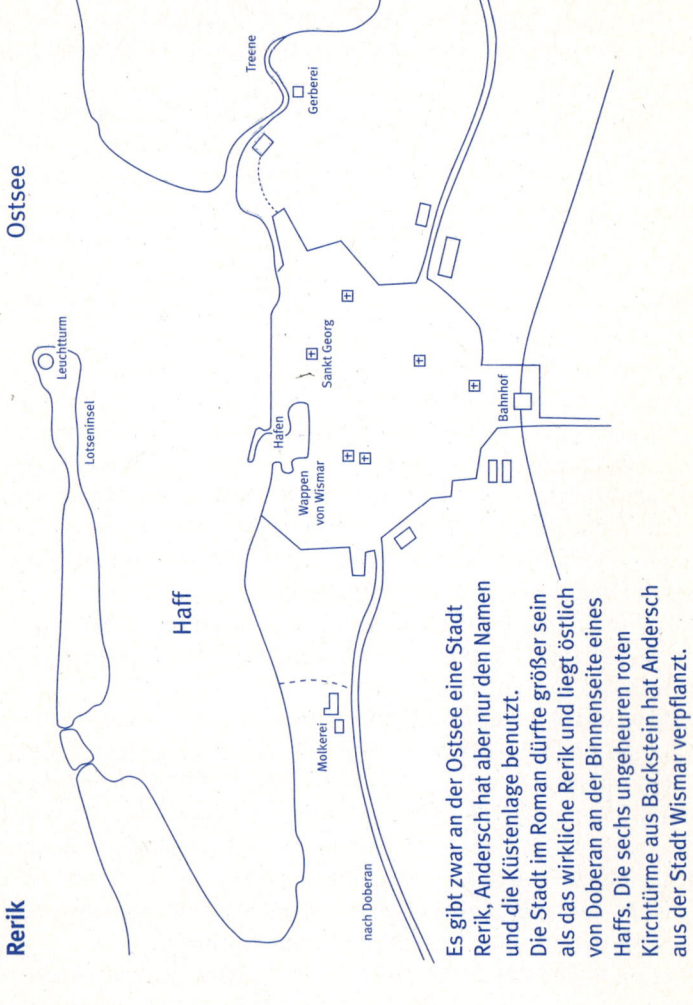

Rerik

Ostsee

Haff

Leuchtturm

Lotseninsel

Treene

Gerberei

Sankt Georg

Hafen

Wappen von Wismar

Bahnhof

Molkerei

nach Doberan

Es gibt zwar an der Ostsee eine Stadt Rerik, Andersch hat aber nur den Namen und die Küstenlage benutzt.

Die Stadt im Roman dürfte größer sein als das wirkliche Rerik und liegt östlich von Doberan an der Binnenseite eines Haffs. Die sechs ungeheuren roten Kirchtürme aus Backstein hat Andersch aus der Stadt Wismar verpflanzt.

nahe liegenden, überschaubaren Plätzen: Straße, Wirtshaus, Kirche, Hafen. Meist beginnen die Kapitel mit der Schilderung des Schauplatzes und enden, wenn die Personen den Schauplatz verlassen.

Nur das letzte Kapitel des Romans spielt in Schweden – einem Ziel, das den Fliehenden vorschwebte. Dieser erste und letzte Ortswechsel in „Sansibar" wird aus der Sicht des Jungen geschildert. Es handelt sich um einen Epilog, dessen Pointe darin besteht, dass der Junge beschließt, zum Ausgangspunkt zurückzukehren.

Die Handlung des Romans

Die Ausgangssituation

Deutschland, Herbst 1937.
Ein Tag und eine Nacht im Ostseehafen Rerik.
In Rerik: Der Junge, Fischer Knudsen, Pfarrer Helander.
Von auswärts: Gregor, Judith.

> Auf den Handlungsverlauf wirken zwei Kraftfelder ein, die Alfred Andersch aus dem Blickwinkel und mit der Sprache seiner Hauptfiguren einfach als die *Anderen* und die *Partei* bezeichnet.

Die Anderen

Im Zuge der so genannten Gleichschaltung wurden ab 1933 alle öffentlichen Einrichtungen in Deutschland der Nationalsozialistischen Deutschen Arbeiterpartei (NSDAP) beziehungsweise ihren Gliederungen (z. B. SA und SS) in unterschiedlichem Grade unterstellt. Hauptziele der Nationalsozialisten waren zu dieser Zeit die Entfaltung und Erhaltung der eigenen unbeschränkten Macht. Diese Ziele verfolgten sie mit allen Mitteln: Bestechung, Erpressung, Betrug, Brandstiftung, Raub, Folter und Mord. Gewerkschaften, Schulen, Rundfunk, Zeitungen, Sportvereine und Hafenämter – alle Institutionen unterlagen der Kontrolle der Nationalsozialisten. Alle „Volksgenossen" waren aufgefordert, jedes regimefeindliche oder auch nur abweichende Verhalten den Behörden zu melden und die betroffenen Personen der Maschinerie des Terrors zu überantworten. Es ist vorgekommen, dass Kinder ihre eigenen Eltern angezeigt haben. Flächendeckend wurde die Bevölkerung von der Geheimen Staatspolizei (Gestapo) bespitzelt.
In „Sansibar oder der letzte Grund" verbergen sich hinter der Bezeichnung „die Anderen" die verschiedensten Personen: SS-Folterknechte, Kriminalbeamte, Zollbeamte, regimetreue Geistliche und gewöhnliche Denunzianten. Für die Hauptpersonen Knudsen, Helander,

Gregor und Judith ist es überlebenswichtig, herauszufinden, ob ihr jeweiliges Gegenüber zu den Anderen gehört. Aus ihrem Blickwinkel werden allmählich alle Bewohner Deutschlands, die sich nicht auf der Flucht oder im Widerstand befinden, die Anderen.

Die Partei

Die Partei, der Knudsen und Gregor angehören, ist die Kommunistische Partei Deutschlands (KPD). Gegründet nach dem Ersten Weltkrieg und orientiert an der Kommunistischen Partei der Sowjetunion war das Ziel der KPD die Einführung des Kommunismus in Deutschland. Während der Weltwirtschaftskrise gewannen sowohl die KPD wie die NSDAP viele Mitglieder und Wähler. Die KPD erkannte als ihren Hauptgegner jedoch insbesondere die SPD und versäumte eine Bündelung der anti-nationalsozialistischen Kräfte. Als die NSDAP an die Macht gelangte, erwies sich die Widerstandskraft der KPD als gering. Die Partei wurde verboten, ihre Mitglieder wurden ermordet, in Konzentrationslager verbracht oder flohen ins Ausland, vor allem in die Sowjetunion. Die Lage der in Deutschland verbleibenden KPD-Mitglieder wurde durch die wechselhafte Politik der Sowjetunion (Hitler-Stalin-Pakt 1939) zusätzlich erschwert.

In „Sansibar oder der letzte Grund" trifft der Parteitaktiker Gregor, der sich über die Taktik durchaus im Unklaren ist, auf den Fischer Knudsen, den in Rerik einzig verbliebenen Genossen der Massenpartei. Unfähig zu konkreten Handlungen theoretisieren sie über die Situation der Partei, gefangen in einem aussichtslosen „Kampf nach der Niederlage". (24)

Nach 1945 wurde die KPD in der DDR unter Gleichschaltung der SPD zur Einheitspartei umgebaut und in der BRD 1956 verboten.

Der Junge

Der Junge hat sich am Morgen dieses Tages in ein Versteck zurückgezogen und liest Mark Twains „Huckleberry Finn". Er langweilt sich, sehnt sich nach Abenteuern, wie Huck sie auf seiner Flucht den Mississippi hinunter erlebt hat.

„Der Mississippi wäre das Richtige, dachte der Junge. (...) Man mußte weg sein, aber man mußte irgendwo hinkommen. (7) In Rerik, dachte der Junge, gab es keine Verfolgungsjagden. In Rerik war überhaupt nichts los. Man mußte irgendwo hin, wo etwas los war. Nach Amerika zum Beispiel." (52)

Der Fünfzehnjährige soll wie sein verstorbener Vater Fischer werden. Er folgt damit den Traditionen seiner Heimatstadt und den Wünschen seiner Mutter, träumt aber von einem anderen Leben als der hergebrachten Laufbahn eines Ostseefischers. Er will raus aus Rerik.

„Der erste Grund lautete: weil in Rerik nichts los war. Es war tatsächlich überhaupt nichts los. Niemals wird hier irgend etwas mit mir geschehen, dachte der Junge (...)." (9)

Die Enge der Heimatstadt stößt den Jungen ab und auch die Engherzigkeit ihrer Bewohner, die seinen Vater als Außenseiter behandelt, ihn zu ziellosen Fluchten auf die See getrieben und seinen Seemannstod mit einem Achselzucken quittiert haben. „Ich hasse sie alle, und das ist der zweite Grund, warum ich von Rerik weg muß." (12)
Schon oft hat er von seiner Mutter die Erlaubnis verlangt, in Hamburg auf einem Frachter anmustern zu dürfen. Die Mutter beharrt auf der Lehre bei Fischer Knudsen, und danach wird der Junge zur Marine eingezogen werden. Auch von der Marine verspricht er sich nicht viel. Er wird nicht rauskommen, er wird nichts zu sehen kriegen.
Im Übrigen gibt er nichts auf die Argumente und Vorstellungen seiner Mutter und seines Lehrherren. Er begreift nicht, und letztlich ist ihm auch egal, was in den Erwachsenen vorgeht.

„(...) Erwachsene gaben ja nie Erklärungen ab, sie sagten nur ‚Komm um fünf!' oder ‚Geh nach Hause!' (...) Ich werde anders sein als sie, dachte er, wenn ich einmal erwachsen bin." (33)

Knudsen

Lehrherr des Jungen ist der Fischer Knudsen. Er ist Mitglied einer illegalen Partei, die gegen die Anderen Widerstand zu leisten versucht. Knudsens Parteigenossen in Rerik haben die lebensgefährliche politische Betätigung eingestellt; sie verlegen sich ganz auf die Dorschfischerei und folgen ansonsten dem Motto „nichts sehen, nichts hören, nichts sagen". Knudsen dagegen ist noch unsicher, wie er sich verhalten soll. Ihm ist für diesen Tag der Besuch eines Partei-Instrukteurs angekündigt, der die Reste einer möglichen Widerstandsbewegung in Rerik organisieren soll. Nach den konspirativen Regeln der Partei kennt der Instrukteur Knudsen nicht. Geht Knudsen nicht zu dem vereinbarten Treffpunkt, hat der Instrukteur keine Möglichkeit Kontakt aufzunehmen, und wenn die neuen Anweisungen des Zentralkomitees die Partei in Rerik nicht erreichen, gibt es keine Partei in Rerik mehr. „Dann gab es für Knudsen wie für alle anderen nur noch die Dorsche (...)." (15)

Knudsen gefährdet mit illegaler politischer Arbeit nicht nur sich selbst, sondern auch seine Frau Bertha, die an einer milden Form von Geistesgestörtheit leidet. Knudsen ahnt, dass die Anderen beabsichtigen, Geisteskranke umzubringen. Immer wenn er mit dem Kutter auf See ist, hat er Angst, bei der Rückkehr Bertha nicht mehr vorzufinden. Die Anderen haben bereits damit gedroht, sie in eine Anstalt zu verbringen.

> „Übrigens hatte er den Eindruck gehabt, daß sie ihn mit der Drohung, Bertha in eine Anstalt zu bringen, erpressen wollten. Sie wollten, daß er sich ruhig verhielte. Sie gebrauchten die arme Bertha als Waffe gegen die Partei." (14)

Gregor

Der Instrukteur, der vom Zentralkomitee der Partei nach Rerik geschickt wird, führt den Kampfnamen *Gregor*. Wie der Fischer Knudsen hat Gregor, ein junger, literarisch ambitionierter Intellektueller, sowohl Angst vor dem Terror der Anderen als auch Zweifel am Sinn des Widerstandes und Zweifel an der Kompetenz seiner Partei. Er ist in der Sowjetunion geschult worden. Während er in Moskau die Technik des Sieges studierte, haben in Berlin die Anderen gesiegt. Mit falschen Papieren zurück nach Deutschland geschickt, lernt er den Kampf nach einer Niederlage kennen. Aber er ist des permanenten Kampfes müde. Er fährt mit dem Fahrrad über Land, unscheinbar und unauffällig. Er kommt nach Rerik, um den Widerstand zu organisieren. Aber angesichts der Hafenstadt und der Schiffe, die ihn nur wenige Meilen hinauszubringen brauchen, damit er dem Terror der Anderen entgeht, beschließt er zu fliehen.

> „(...) nicht vom Meer hängt es ab, ob ich fliehen kann. Das Meer trägt. Es hängt von Matrosen und Kapitänen ab, von schwedischen oder dänischen Seeleuten, von ihrem Mut oder ihrer Geldgier, und wenn es keine schwedischen oder dänischen Seeleute gibt, so hängt es von den Genossen in Rerik ab, von den Genossen mit ihren Fischkuttern, es hängt von ihren Blicken und Gedanken ab, davon, daß ihre Blicke ein Abenteuer anvisieren, ihre Gedanken eine leichte, Segel setzende Bewegung ausführen können. Es wäre einfacher, dachte Gregor, vom Meer abhängig zu sein, statt von den Menschen." (8)

Helander

Pastor Helander, Pfarrer an der Georgen-Kirche in Rerik, fühlt sich in seiner Kirche nicht besser aufgehoben als Knudsen und Gregor in ihrer Partei. „Helander betete einen Augenblick lang heftig gegen die Leere an." (9)

Helander ist schwerkriegsbeschädigt, er hat im Ersten Weltkrieg vor Verdun ein Bein verloren, und da er Diabetiker ist, neigt der Beinstumpf zu Entzündungen und verursacht einen „aufspießenden" Schmerz. (11)

Helander ist überdies mit einem aktuellen Problem konfrontiert: Die Anderen haben eine Skulptur aus seiner Kirche auf eine Liste von Kunstwerken gesetzt, die in der Öffentlichkeit nicht mehr gezeigt werden dürfen, beschlagnahmt und aller Voraussicht nach vernichtet werden. Der Pfarrer hat die geschnitzte Holzfigur von einem Bildhauer erworben, dem kurz darauf die Anderen verboten haben, sein Handwerk auszuüben. Helander gelangt zu der Überzeugung, dass der „Lesende Klosterschüler" das innerste Heiligtum seiner Kirche ist.

„Weil die Anderen den ‚Klosterschüler' angreifen, dachte Helander, ist er das große Heiligtum. Den mächtigen Christus auf dem Altar lassen sie in Ruhe, sein kleiner Schüler ist es, der sie stört. Das Mönchlein, das liest. Der ganze Riesenbau der Kirche wird um dieses Mönchleins willen auf die Probe gestellt, dachte Helander. Und: die Kirche, das bin leider nur ich." (29)

Judith

Die junge Jüdin Judith Lewin aus Hamburg ist mit dem festen Vorsatz nach Rerik gekommen, zu fliehen. Ihr Vater lebt nicht mehr. Ihre Mutter hat, Ausmaß und Endziel des Terrors der Anderen voraussehend, jedoch zur Flucht wegen einer Querschnittslähmung nicht fähig, den Freitod gewählt. Nach dem Tod ihrer Mutter ist Judiths Lage unhaltbar geworden, und seit sie auf der Flucht ist, geht es für sie unmittelbar um Leben und Tod.

> „Mama war gestorben, damit sie, Judith, nach Rerik gehen könne. Es war ein Testament, und sie hatte es zu vollstrecken." (19)

Judith hat im „Wappen von Wismar", einem Hotelrestaurant am Hafen, ein Zimmer genommen, unter dem unverfänglichen Namen „Leffing". Der Wirt erinnert sie daran, dass die Polizei neuerdings nicht nur die Gästebücher der Hotels, sondern auch die Pässe der Gäste kontrolliert.

> „Bringen Sie mir nur Ihren Paß, sagte er mit einer Stimme, die so weiß war wie sein Gesicht, sonst muß ich heute nacht klopfen und Sie aus dem Bett holen!" (36)

Judith, ein nicht gerade lebenserfahrenes Mädchen aus wohlbehütendem Hause, hat den Eindruck, der Wirt könnte sie erpressen – zum Beispiel zu sexuellen Handlungen –, wenn sich ihm die Gelegenheit dazu bietet. Es wird ihr allmählich klar, dass sie, trotz aller Unbegreiflichkeiten und Schrecken ihrer Situation, zu umsichtigem Handeln gezwungen ist, nach Regeln, die sie nicht kennt.

Der Handlungsverlauf

Mittags
Helander und Knudsen diskutieren am Hafen.
Pfarrer Helander beschließt, den „Lesenden Klosterschüler" nach Schweden, zum Probst von Skillinge, zu schicken. Denn seine Amtsbrüder in Rerik haben es abgelehnt, die Figur zu schützen, sie gehören zu den Anderen. „Knudsen würde helfen, dachte Pfarrer Helander, Knudsen war nicht so. Er trug nicht nach. Gegen den gemeinsamen Feind würde er helfen." (9)
Helander trifft Knudsen am Hafen. Knudsen erinnert sich, dass er das letzte Mal mit dem Pfarrer gesprochen hat, als die Anderen ans Ruder gekommen waren. Der Pfarrer war stehen geblieben und hatte lachend gesagt: „Sie roter Hund, jetzt geht's Ihnen an den Kragen!" Knudsen hatte geantwortet: „Auch Ihnen wird Ihr Verdun-Bein eines Tages nichts mehr nützen." Der Pfarrer hatte aufgehört zu lachen und Knudsen seine Hilfe angeboten, falls er sie einmal brauchen sollte. „Aber es schien so, dachte Knudsen, als ob der Pfarrer jetzt seine Hilfe brauchte." (26, 27)
Helander trägt seinen Wunsch vor und versucht, Knudsen die Bedeutung der Figur und ihrer Rettung begreiflich zu machen. Doch der Fischer lehnt ab: Für ihn gibt es keine heiligen Figuren, die es lohnten, eine solch gefährliche Fahrt zu unternehmen. Er sieht auch keinen Anlass, mit einem „Pfarrer für Bürger" (31) gemeinsame Sache zu machen. Er tue nichts mehr für seine Partei, daher könne der Pfarrer erst recht nicht verlangen, dass er etwas für die Kirche tue.

> „Das war es also. Helander begriff plötzlich Knudsens Weigerung. Seinen Haß gegen die Partei, weil sie versagt hatte. Sein schlechtes Gewissen, weil er nun die Partei haßte. Es ist so ähnlich wie mit mir und der Kirche, dachte er." (31)

Knudsen ist als einziger Fischer nicht zum Dorschfang ausgelaufen. Das ist auffällig.
Das Gespräch zwischen Pfarrer und Fischer ist erst recht verdächtig, denn was haben sie gemeinsam, wenn nicht den „gemeinsamen

Feind"? (9) Die beiden fühlen sich ständig beobachtet, unter anderem vom Wirt des „Wappen von Wismar".

Den Jungen, der sich auf dem Kutter einstellt, um auf Dorsch auszufahren, schickt Knudsen weg. Er hat immer noch nicht entschieden, ob er zum Dorschfang hinausfahren oder doch den angekündigten Partei-Instrukteur treffen wird. Der Junge, so denkt Knudsen, braucht von diesen Dingen nichts zu wissen.

16 Uhr
Gregor und Knudsen treffen sich erstmals in der Kirche. Später kommt Helander dazu.

Gregor ist, per Fahrrad, in der Georgen-Kirche eingetroffen, die als Treffpunkt mit dem ihm unbekannten Reriker Genossen vereinbart ist. Es gelingt ihm nicht, sich vorzumachen, er sei in der Kirche sicher. Er kann auch hier jederzeit von den Anderen verhaftet werden. Der Genosse erscheint nicht zur festgesetzten Zeit, und Gregor bekommt mehr und mehr Angst.

Er ertappt sich dabei, dass er hofft, der Genosse käme gar nicht mehr und er hätte seinen letzten Auftrag schon hinter sich. Denn insgeheim hat er beschlossen, die Arbeit für die Partei und zumindest diese Form des Widerstands gegen die Anderen aufzugeben und zu fliehen. Dennoch gibt er sich und dem Genossen eine weitere Frist von einigen Minuten, geht in der Kirche umher und trifft auf den „Lesenden Klosterschüler".

„Die Figur stellte einen jungen Mann dar, der in einem Buch las, das auf seinen Knien lag. Der junge Mann trug ein langes Gewand, ein Mönchsgewand, nein, ein Gewand, das noch einfacher war als das eines Mönchs: einen langen Kittel. Unter dem Kittel kamen seine nackten Füße hervor. Seine beiden Arme hingen herab. Auch seine Haare hingen herab, glatt, zu beiden Seiten der Stirn, die Ohren und die Schläfen verdeckend. Seine Augenbrauen mündeten wie Blätter in den Stamm der geraden Nase, die einen tiefen Schatten auf seine rechte Gesichtshälfte warf. Sein Mund war nicht zu klein und nicht zu groß; er war genau richtig, und ohne Anstrengung geschlossen. Auch die Augen schienen auf den ersten Blick geschlossen, aber sie waren es nicht, der junge Mann schlief nicht, er hatte nur die

Angewohnheit, die Augendeckel fast zu schließen, während er las. Die Spalten, die seine sehr großen Augendeckel gerade noch frei ließen, waren geschwungen, zwei großzügige und ernste Kurven, in den Augenwinkeln so unmerklich gekrümmt, daß auch Witz in ihnen nistete. Sein Gesicht war ein fast reines Oval, in ein Kinn ausmündend, das fein, aber nicht schwach, sondern gelassen den Mund trug. Sein Körper unter dem Kittel mußte mager sein, mager und zart; er durfte offenbar den jungen Mann beim Lesen nicht stören.

Das sind ja wir, dachte Gregor."(42)

Ernst Barlach, Lesender Klosterschüler, 1930, Holz, Höhe 115 cm; Güstrow, Privatsammlung

Foto: Bildarchiv Foto Marburg

Gregor fühlt sich an seine eigene Studienzeit erinnert, an die kloster-ähnlichen Studienbedingungen in Moskau, an seine eigene Hingege-benheit an vorgegebene Wahrheit. Aber bei genauerer Betrachtung der Figur erkennt er noch andere, seiner jetzigen Situation entspre-chende Eigenschaften.

> „Was tat er eigentlich? Er las ganz einfach. Er las aufmerksam. Er las genau. Er las sogar in höchster Konzentration. Aber er las kritisch. Er sah aus, als wisse er in jedem Moment, was er da lese. Seine Arme hingen herab, aber sie schienen bereit, jeden Augenblick einen Finger auf den Text zu führen, der zeigen würde: das ist nicht wahr. Das glaube ich nicht. Er ist anders, dachte Gregor, er ist ganz anders. Er ist leichter, als wir waren, vogelglei-cher. Er sieht aus wie einer, der jederzeit das Buch zuklappen kann und auf-stehen, um etwas ganz anderes zu tun." (43)

Endlich trifft Knudsen in der Kirche ein. Er ist schon mit Gregors äuße-rer Erscheinung unzufrieden. Das Zentralkomitee der Partei wird von einem jungen Intellektuellen repräsentiert – der Fischer würde lieber mit einem richtigen Arbeiter sprechen.

Gregor erläutert Knudsen ein neues Organisationssystem der illega-len Parteiarbeit. Aber wie die meisten Genossen ist Knudsen nicht mehr bereit, Parteibefehle vertrauensvoll und kommentarlos anzu-nehmen. Gregors Vorschläge setzen eine funktionierende Organisati-on voraus, aber Knudsen ist allein in Rerik, und die handgreifliche Ohnmacht lähmt ihn. Sie diskutieren die Situation, überprüfen ihre Möglichkeiten zum Widerstand, stellen die Übermacht der Anderen fest. Schließlich müssen sie vor sich selbst und voreinander zugeben, dass sie vor allem Angst haben.

Gregor schlägt vor, mit Knudsens Kutter gemeinsam nach Schweden zu fliehen. Knudsen, der darüber auch schon nachgedacht hat, lehnt ab, weil er seine Frau nicht im Stich lassen will. In diesem Augenblick kommt Pfarrer Helander in die Kirche. Er macht ihnen Vorwürfe, dass sie das Gotteshaus zur Konspiration benutzen.

„Die Kirche ist kein Treffpunkt für Menschen, die nicht an Gott glauben.
Gott oder nicht, sagte Gregor, es kommt nur darauf an, ob es Menschen
sind, die sich treffen. Es wird bald keine Plätze mehr geben, an denen sich
Menschen treffen können. Es gibt fast nur noch Plätze für die Anderen.
Sie argumentieren nicht schlecht, sagte der Pfarrer.
Ja, sagte Knudsen, reden – das kann er. Das ist seine Stärke." (54)

Helander bittet Knudsen erneut, den „Lesenden Klosterschüler" zu
retten, und Knudsen lehnt wiederum ab. Doch Gregor macht sich den
Fall zu Eigen. Er behauptet, die Partei arbeite neuerdings mit anderen
Parteien, mit Bürgern, der Kirche und sogar Wehrmachtsangehörigen
zusammen, mit allen, die nur irgendwie gegen die Anderen sind. Die
Rettung des „Lesenden Klosterschülers" sei ein Beispiel für diese
neue Taktik. Knudsen verweigert sich auch diesem Argument. Sowohl
der Fischer wie auch der Pfarrer nehmen an, der Partei-Taktiker Gregor wolle sich vor allem, wenn Knudsen wegen der Figur nach Schweden fährt, auf diesem Wege selbst retten.

18 Uhr
Judith, Gregor, Knudsen und der Junge lungern am Hafen herum.
Im Hafen hat ein kleiner schwedischer Frachter angelegt, und Judith
Lewin, die auf ein solches Schiff ihre Hoffnungen setzt, mischt sich
unter die Schaulustigen. Zugleich kehren die ersten Dorschkutter
heim, und Knudsen steht wiederum als Verdächtiger da, weil er immer
noch nicht ausgelaufen ist. Gregor beobachtet die Szene. Er entdeckt
Judith, glaubt in ihr eine Jüdin zu erkennen und schließt aus ihrem un-
sicheren Gebaren, dass sie auf der Flucht ist, sich aber nicht recht zu
helfen weiß.

„Nummer drei, dachte Gregor, während er das Mädchen beobachtete.
Nummer drei, die fliehen will. Erst war es nur ich, dann ist der Klosterschüler dazugekommen, jetzt diese da. Ein reizendes Land – man steht vor
fremden Schiffen an, um es zu verlassen." (61)

Knudsen ist eigentlich im Begriff, endlich auszulaufen. Doch im Gespräch mit einem Kollegen und früheren Genossen, der sich nur noch
um Dorsche kümmert, wird ihm klar, dass er eine rein passive Haltung

nicht aushält. Er möchte nicht wie jener ein „Ochse", möchte „kein stummer Fisch" sein. (69) Auch treibt sich Gregor ebenfalls am Hafen herum, und Knudsen will herausfinden, was der Partei-Taktiker unternehmen wird.

Als der Junge zum Kutter kommt, schickt Knudsen ihn wieder weg – er habe noch etwas zu erledigen. Der Junge fängt nun langsam doch an, sich zu wundern, ohne jedoch zu ahnen, was mit Knudsen los ist. Auch seine Gedanken kreisen um den schwedischen Frachter, doch er sieht ein, dass er Rerik nicht mit diesem Schiff verlassen kann, denn sehr im Unterschied zu Huckleberry Finn in Amerika unterliegt der Junge in Rerik der Ordnung von Ausweispflicht, Mannschaftslisten und Hafenämtern.

Der Junge vergleicht erneut seine Situation mit den Versprechungen der Abenteuerliteratur, und er beschließt, sich nicht mehr mit den Büchern zufrieden zu geben, deren Ausgangslagen – ferne Zeiten, ferne Länder – mit seiner eigenen Welt nicht übereinstimmen. Nicht Träumereien, sondern nur eine seiner eigenen Ausgangslage angemessene Handlung wird ihn hinausbringen aus Rerik. Nicht Lektüre, sondern Erkundung des Indischen Ozeans kann seine Sehnsucht befriedigen. Er wird sich eines weiteren, entscheidenden Motivs bewusst:

> „Auf einmal fiel ihm der dritte Grund ein (...). Man mußte Rerik verlassen, erstens, weil in Rerik nichts los war, zweitens, weil Rerik seinen Vater getötet hatte, und drittens, weil es Sansibar gab, Sansibar in der Ferne, Sansibar hinter der offenen See, Sansibar oder der letzte Grund." (82)

20 Uhr
Judith versucht auf das schwedische Schiff zu kommen.
Judith und Gregor, ohne sich noch zu kennen, aber einander distanziert beobachtend, sind in der Gaststube des „Wappen von Wismar" eingekehrt, in der Bürger von Rerik und auch einige Männer des schwedischen Frachters ihr abendliches Bier trinken. Der Wirt bemüht sich um Judith, die angstvoll voraussieht, wie sie völlig in seiner Hand wäre, wenn er ihren verräterischen Pass zu sehen bekäme. Als ein

schwedischer Seemann sie anspricht, ergreift Judith die Gelegenheit. Der Wirt interveniert, beschimpft Judith als Flittchen und kündigt ihr demonstrativ das Zimmer. Fast kommt es mit den Seeleuten zu einer Schlägerei, die Gregor jedoch geschickt verhindert.

Der Schwede nimmt Judith mit auf das Schiff, aber er hat gar nicht damit gerechnet, dass sie nach Art eines leichten Mädchens sofort mit ihm gehen würde und ist der peinlichen Situation genauso wenig und weniger noch als Judith gewachsen. Er muss ihr Limonade anbieten, denn den Schlüssel zum Schrank mit den Getränken für Erwachsene verwahrt der Kapitän. Judith sieht ein, dass dieser Weg nirgends hinführt und verlässt das Schiff.

21 Uhr
Helander flieht nicht.
Pfarrer Helander hat den Arzt kommen lassen; er soll seinen Beinstumpf untersuchen. Die Diagnose ist Besorgnis erregend, und Helander gesteht sich, dass er genau das gewünscht hat. Er ist, durch höhere Gewalt, gezwungen, sich umgehend ins Krankenhaus zu begeben. Er wird nicht den „Lesenden Klosterschüler" retten, und damit werden die Anderen keinen Grund haben, ihn ins Konzentrationslager zu sperren.

> „Das Klinikbett statt des Martyriums. Helander hatte Grund, sich erleichtert zu fühlen (...). Weder Gott noch der Klosterschüler konnten von ihm verlangen, daß er seinen Körper den Peitschen oder Gummischläuchen der Anderen aussetzte." (95, 97)

Der Pfarrer hat den Telefonhörer schon in der Hand, um einen Krankenwagen zu bestellen, als ihm wieder Zweifel kommen. Der Mut zum Martyrium fehlt ihm, aber den als das „innerste Heiligtum" der Kirche (98) erkannten „Lesenden Klosterschüler" den Anderen auszuliefern, erscheint ihm ebenfalls unmöglich. Jeder Zweifel und jede Gedankenarbeit geraten Helander zur Gottessuche, und verzweifelt späht er nach einer flammenden Schrift an der Kirchenwand, die ihm, wenn nicht einen göttlichen Auftrag geben, so doch wenigstens Gottes Anwesenheit verraten soll.

Ohne einen ausdrücklichen Entschluss zu fassen, lässt Helander die Gelegenheit, ins Krankenhaus zu fliehen, vorübergehen.

22 Uhr
Knudsen und Gregor planen eine Aktion.
Gregor ist entschlossen, nicht nur den „Lesenden Klosterschüler", sondern auch das jüdische Mädchen zu retten. Die Aktion wird seine eigene Tat sein, gegen die Anderen gerichtet, aber unabhängig von Theorie und Taktik seiner Partei. Der Plan versetzt ihn in Hochstimmung, er fühlt sich als kalter Romantiker, als überlegener Spieler, der Menschen wie Figuren über ein Schachbrett schiebt.

> „Und nun war auch noch ein Mädchen mit ins Spiel gekommen, ein ziemlich schönes Mädchen mit langen schwarzen Haaren. Sowie man die Partei im Stich läßt, gibt es wieder Romantik, dachte Gregor." (84)

Allerdings hängt die Verwirklichung der Aktion allein von Knudsens Bereitschaft ab, die Figur und das Mädchen, von dem er noch gar nichts weiß, nach Schweden zu bringen.
Es ist Nacht geworden. Knudsen und Gregor treffen sich im Hafen auf Knudsens Kutter. Der Fischer erklärt sich endlich bereit, den „Lesenden Klosterschüler" nach Schweden zu bringen. Aber Gregor hat die Figur noch nicht bei sich, sie soll erst um Mitternacht in Helanders Kirche abgeholt werden. Der Fischer und der Taktiker entwickeln einen möglichst komplizierten Plan. Statt einfach die 50 Zentimeter hohe Holzfigur auf den Kutter hinaufzureichen, auf dem er sich jetzt schon befindet, soll Gregor später mit der Figur die Stadt umgehen und vom Strand aus mit dem Beiboot zu einer Insel hinausrudern, um den Kutter dort zu treffen. Auf diese Art wird endlich der Junge in die gefährliche Aktion verwickelt, weil er das Boot rudern muss. Dass auf dieser Bootsfahrt möglicherweise auch das jüdische Mädchen dabei sein soll, verschweigt Gregor, um Knudsen nicht zu verwirren und ihm keinen Grund zu geben, wieder abzuspringen.
Wieder geht das konspirative Gespräch nicht ohne Geplänkel zwischen dem Intellektuellen und dem Arbeiter ab. Das Unternehmen ist gefährlich – warum lassen sie sich darauf ein? Da sie nicht im Partei-

auftrag handeln, versuchen sie sich über ihre eigenen Gründe klar zu werden und die Gründe des anderen zu erraten. Gregor spürt, dass er Knudsen auf keinen Fall bitten darf, ihn selbst zu retten. „Für Knudsen bin ich der Mann vom Zentralkomitee, der sich drücken will, während er der einfache Genosse ist, der sich nicht drücken kann." (50) Und Knudsen nimmt beifällig zur Kenntnis, dass Gregor ihn nicht darum „anbettelt."

23 Uhr
Gregor sammelt Judith und den „Klosterschüler" ein, um sie zu retten.
Von Knudsens Kutter zum schwedischen Frachter sind es nur ein paar Schritte, und Gregor trifft Judith, als sie eben von dem Schiff kommt und überhaupt nicht mehr weiß, was sie tun soll. Als er sie anspricht, glaubt sie zuerst, die Anderen hätten sie geschnappt. Gregor dagegen weiß mit einem Blick alles über das Mädchen, und er weiß genau, was zu tun ist. Er genießt seine Überlegenheit: Der geschulte kommunistische Taktiker wird „das verwöhnte junge Mädchen aus reichem jüdischem Haus" (108) unter seinen Schutz nehmen. Sich vorzustellen oder Erklärungen abzugeben, hat er nicht nötig. Er zieht sie mit sich durch die Nacht zur Georgen-Kirche, wo sie Zeit finden, sich gegenseitig zu taxieren. Gregor sieht sich als „der junge Mann, der sich vor ein junges Mädchen stellt" (108), zumal sie schön ist; er versäumt aber nicht, ihr ihre privilegierte Situation vorzuhalten:

> „Die feine Villa und der Schicksalsschlag, (...) dann die Abreise der jungen Dame ins Ausland, (...) hübsche Hotels in Stockholm oder London, Kostenpunkt Nebensache, mit der diskret gehegten Erinnerung an einen Tod voll Stil (...)." (109)

Judith ihrerseits vergleicht den faszinierenden Fremden, zu dem sie manchmal Vertrauen verspürt und der sie manchmal abstößt, mit ihren zurückgelassenen Freunden aus dem exklusiven Tennisclub, den großen gutaussehenden Kavalieren, die ihr nicht helfen konnten oder wollten.

„Das Gesicht der Hilfe sah anders aus, – vielleicht sah es aus wie das schmale, magere Gesicht eines Automonteurs oder wie das flüchtige, Tempo verratende Gesicht eines Fliegers, auf jeden Fall aber war es ein unauffälliges Gesicht (...).“ (110)

Gregor erklärt ihr, dass der „Lesende Klosterschüler“ nach Schweden gebracht wird und sie eventuell mitfahren kann. Judith kennt den Bildhauer und schätzt die Plastik als sehr wertvoll ein. „So wertvoll, bemerkte er spöttisch, daß sie die Chance haben, von diesem Burschen aus Holz mitgenommen zu werden. Als Draufgabe sozusagen.“ (111) Obwohl er ziemlich rau auftritt und sie unheimlich friert, kommt man sich beträchtlich näher und ist sich einig: „Es ist eine Verführungsszene“ (112). Man beginnt sich zu küssen, aber gerade noch rechtzeitig trifft, taschenlampenschwenkend, Pfarrer Helander ein. Er will den Abtransport des „Lesenden Klosterschülers“ überwachen. Judith wird dem Pfarrer vorgestellt, die beiden verstehen sich gut, wie Gregor missgelaunt feststellt, da sie derselben Gesellschaftsschicht angehören.

„(...) es fehlt nur noch, daß Tee gereicht wird, und erbittert dachte er: Himmeldonnerwetter, warum bin ich eigentlich hier, warum habe ich mich nicht gedrückt, warum mache ich die Dreckarbeit für sie (...)?“ (116)

Mit vereinten Kräften wird der „Lesende Klosterschüler“ demontiert und verpackt. Pfarrer Helander möchte zum Abschied noch ein Vaterunser beten, aber Gregor, der den ganzen Tag in Rerik rumgelungert hat, gibt plötzlich höchste Eile vor.

23 Uhr
Knudsen und der Junge bereiten die Überfahrt nach Schweden vor.
Knudsen hat dem Jungen angekündigt, dass er mit dem Beiboot einen Passagier an Bord holen soll. Knudsen meint mit dem Passagier freilich die Figur des „Lesenden Klosterschüler“, während der Junge an einen Mann denkt. Obwohl er in den eigentlichen Plan und seine Hintergründe nicht eingeweiht wird, ist der Junge begeistert. Dies scheint solch ein Abenteuer zu werden, wie er es sich erhofft hat. Es beküm-

mert den Jungen nicht im Geringsten, dass es sich um eine offenbar illegale Aktion handelt, im Gegenteil, Knudsen steigt in seiner Achtung und ebenso steigt sein Selbstbewusstsein, weil Knudsen zum ersten Mal auf ihn angewiesen ist.

> „(…) dann stimmen die Bücher ja doch noch, dann gibt es ja auch heute noch solche Sachen, wie sie im Huckleberry Finn und in der Schatzinsel und im Moby Dick erzählt werden. Toll, dachte der Junge (…).“ (101)

Da das Ziel dieser abenteuerlichen Fahrt höchstwahrscheinlich das Ausland jenseits der Ostsee ist, sieht der Junge völlig unerwartet die Möglichkeit, herauszukommen, weg von Rerik.

> „Jetzt, da er die Chance spürte, dachte er übrigens nicht mehr an die Gründe, warum er weg wollte. Er dachte nicht mehr an seinen Vater, er hatte vergessen, daß in Rerik nichts los war, und am allerwenigsten fiel ihm sein Traum von Sansibar ein. Alle seine Gedanken kreisten um die Chance, und ob es ihm gelingen würde, sie auszunützen.“ (120)

Mitternacht
Gregor, Judith und der „Klosterschüler“ werden vom Jungen zu Knudsens Kutter gerudert.
Gregor, Judith und der „Lesende Klosterschüler“ umwandern Rerik. Es ist tiefe Nacht, der Mond geht unter, Wind kommt auf. Am Ufer treffen sie den Jungen mit dem Ruderboot. Der Junge ist erstaunt, dass eine Frau mit von der Partie ist, aber Gregor versichert ihm, das ginge schon in Ordnung.
Sie rudern auf die nächtliche See hinaus. Judith und Gregor – wohl wissend um die knapp bemessene Zeit, die ihnen bleibt – setzen ihren Flirt fort.
Plötzlich erscheint ein Polizeiboot. Verzweifelt rudernd, versuchen der Junge und Gregor, ihr Boot aus dem Bereich des Suchscheinwerfers zu bringen. Blitzartig fällt Gregor ein, dass seine eigenen gut gefälschten Papiere ihn schützen und er und der Junge allenfalls wegen versuchten Schmuggels oder Fahrens ohne Licht mit der gewöhnlichen Polizei zu tun bekämen, wenn ihr Boot jetzt aufgebracht wird. Aber Judith und der „Lesende Klosterschüler“ sind sehr im Unter-

schied zu gewöhnlicher Schmuggelware wie Tabak und Kaffee schwer belastend. Die Jüdin und das Kunstwerk zu transportieren ist eine regimefeindliche Handlung, die alle Beteiligten – auch Knudsen, wenn er nicht rechtzeitig auf Nimmerwiedersehen verschwindet – der Gestapo und dem Konzentrationslager ausliefern wird. Für einen Moment erwägt Gregor, den „Klosterschüler" über Bord zu werfen. Der Lichtkegel des Suchscheinwerfers kommt bedrohlich näher, sie können ihm nicht entkommen – doch in dem Moment, in dem sie entdeckt werden müssen, wird der Scheinwerfer ausgeschaltet. Dunkelheit umfängt sie, das Polizeiboot dreht ab und beleuchtet einen anderen Teil der Küste. Durch reinen Zufall sind sie vorerst verschont geblieben, und Gregor, der Theoretiker, macht sich Gedanken über die Herkunft dieses Zufalls. Ohne weitere Zwischenfälle erreichen sie die Insel.

Nach Mitternacht
Bemannung des Kutters.
Knudsen hat an der Insel angelegt und wartet. Er überdenkt noch einmal das Risiko, das es bedeutet, den „Lesenden Klosterschüler" nach Skillinge zu bringen. Selbst wenn die Überfahrt gelingt, wird er nach zwei Tagen auf See ohne Fang nach Rerik zurückkehren und sich erneut sehr verdächtig gemacht haben. Da kommt ihm der gleiche Einfall, den Gregor zur gleichen Zeit hat, nämlich den „Klosterschüler" über Bord zu werfen.

> „(...) denn die Figur (...) sollte ja nur vor den Anderen gerettet werden, und das wurde sie schließlich auch, wenn man sie irgendwo still in die Ostsee versenkte. Die Ostsee war eine saubere Sache." (135)

Knudsen ist erleichtert, als er auf diese gute Idee gekommen ist. Er wird die Figur versenken, dann Dorsch fangen und ruhig und unverdächtigt nach Hause und zu Bertha zurückkehren.
Als die anderen eintreffen, lobt Gregor Knudsen wegen seiner Zuverlässigkeit und stellt ihm Judith vor, eine Jüdin, die unbedingt außer Landes gebracht werden muss. Knudsen ist empört, dass ihm völlig aus dem Nichts ein weiterer Passagier aufgehalst wird, und er lehnt

kategorisch ab, sie mitzunehmen. Gregor weiß es sogleich besser und erklärt, es sei nur eine Frage der Zeit, bis Knudsen es sich überlegen und das Mädchen doch mitnehmen wird.

Knudsens neuester Plan wäre durch die Mitnahme Judiths durchkreuzt, denn den „Klosterschüler" kann er in die See werfen, das Mädchen aber nicht. Für Gregors Aktion findet Knudsen zwei Erklärungen: erstens die nächstliegende, dass Judith Gregors Freundin ist; zweitens, dass Gregor darauf spekuliert, selbst mitgenommen zu werden, denn es macht weder einen logistischen, noch einen moralischen Unterschied: Wenn man ein sympathisches jüdisches Mädchen rettet, kann man auch einen unsympathischen Genossen retten. Knudsen bleibt dabei, er nimmt nur den „Klosterschüler" mit.

Für diesen Fall hat Gregor sich vorgenommen, Gewalt anzuwenden, Knudsen auszuschalten und den Jungen dazu zu zwingen, den Kutter nach Schweden zu führen. Gregor schlägt Knudsen nieder, Knudsen wehrt sich. Aus dem Kampf mit Worten wird ein Ring- und Boxkampf. Judith macht nur einen halbherzigen Versuch, den Kampf zu unterbinden. Der Junge hilft seinem Skipper nicht, und Knudsen unterliegt.

Obwohl Gregor selbst nun mithilfe des Jungen auf dem Kutter fliehen könnte, verzichtet er. Dieser Verzicht erst ist für Knudsen der Beweis, dass Gregor nicht rein egoistische Motive für seine Aktion hat. Wie Knudsen selbst, verrät Gregor die Partei, aber nicht aus purem Egoismus. Sie beide haben sich von der Parteidisziplin losgesagt, aber es bleibt ihnen die Wahl, sich feige oder ritterlich zu entscheiden. Gerade weil Gregor die rettende Mitfahrt ablehnt, bietet Knudsen sie ihm jetzt an. Und gerade weil Knudsen ihm den einfachsten Ausweg bietet, kann Gregor nicht annehmen. Auch Judiths halbherziger Versuch, Gregor zum Mitkommen zu bewegen, kann ihn nicht umstimmen.

Knudsen, Judith und der Junge gehen an Bord. Gregor bleibt allein zurück. Er sieht dem Kutter nach. Dann ist er wieder auf sich allein gestellt. Bei Tageslicht wird er die Insel über eine Furt aus Sandbänken verlassen können. Er ist an Land und in Deutschland geblieben. Er wird, allein, illegal, mit gefälschtem Pass, durch ein Land gehen, aus dem man flüchtet. Er wird wieder die Wahl haben zwischen Partei-Taktik, privater, romantischer Aktion und Flucht. Er verlässt Rerik, wie er nach Rerik gekommen ist. Fast.

> „Das graue Morgenlicht erfüllte die Welt, das nüchterne, farblose Morgenlicht zeigte die Gegenstände ohne Schatten und Farben, es zeigte sie beinahe so, wie sie wirklich waren, rein und zur Prüfung bereit. Alles muß neu geprüft werden, überlegte Gregor." (144)

Nachts
Auf der Ostsee.
Da endlich etwas los ist und er sich in eine Geschichte verwickelt sieht, die aus Abenteuerbüchern stammen könnte, gewinnt der Junge allmählich Interesse am Tun und Lassen der Erwachsenen. Er nimmt sich vor, Knudsen zu fragen, warum die Figur des „Lesenden Klosterschülers", eines Jungen, der nichts weiter tut als lesen, nachts über die See geschmuggelt werden muss. „Na egal, dachte er, die Figur kommt auf jeden Fall mit, und wenn sie mitkommt, dann komme auch ich mit." (133) Während Knudsen den Kutter durch die Nacht führt, erzählt der Junge Judith, dass er in Schweden bleiben will. Judith ist empört und hält ihm vor, er dürfe seinen Skipper nicht im Stich lassen, zumal Knudsen, wenn er ohne den Jungen nach Rerik zurückkehrt, in Erklärungsnot wäre. Das rührt den Jungen aber in diesem Moment überhaupt nicht. Er ist durchdrungen von der plötzlichen Gelegenheit, seinen Gründen nachzugeben, Rerik zu verlassen, nach Sansibar zu gelangen.
Der Junge weiß, dass Judith Jüdin ist, über Juden aber weiß er nur, was man ihm in der Schule erzählt hat. Er vergleicht sich mit Huckleberry Finn, der auf dem Mississippi den verfolgten Negersklaven Jim schützt. Juden, so denkt der Junge, sind etwas Ähnliches wie Neger, also Menschen, denen man helfen muss zu fliehen, die aber auch das Recht haben, einfach abzuhauen, und darum beneidet er Judith.

Am nächsten Tag – frühmorgens
Helander stellt sich im Reriker Pfarrhaus zum Kampf.

In dieser Nacht hat Pastor Helander wenig geschlafen und schlecht geträumt. Er hat die Prothese abgelegt, er wird sie nie wieder anlegen, er benutzt seine alten Krücken. Am frühen Morgen sieht er Gregor über den Kirchplatz kommen, um sein Fahrrad abzuholen. Helander zeigt sich am Fenster, und Gregor bedeutet ihm, das alles glatt gegangen ist. Der „Lesende Klosterschüler" ist in Sicherheit; nun geht es für Helander nur noch um die Art seines Todes. Das Martyrium des Konzentrationslagers will er sich ersparen. Er kann Selbstmord begehen. Einen Revolver besitzt er, und er lädt ihn mit sechs Kugeln. Judiths Mutter, so überlegt er, hat der Selbstmord genügt, aber ihm genügt das nicht, er empfindet den rasenden Wunsch, zu töten, ehe man ihn tötet. Der Pfarrer, ein stolzer alter Mann, beschließt, der Gottferne und Trostlosigkeit mit Wut zu antworten. Er glaubt, „daß man einen Gott, der den Seinen nicht beistand, züchtigen mußte. (...) Ich werde töten, um Gott zu züchtigen." (153) Er beobachtet, wie ein Kommando der Anderen die Kirche betritt, das Verschwinden des „Klosterschülers" feststellt und alsbald auf das Pfarrhaus zukommt. Plötzlich weiß der Pfarrer, warum er sich entschlossen hat, zu schießen.

> „Er hatte sich entschlossen, zu schießen, weil die Salve aus seiner Trommelpistole die Starre und Trostlosigkeit der Welt durchbrechen würde. In den Feuerstößen seiner Pistole würde die Welt für die Dauer von Sekundenbruchteilen lebendig werden. Wie dumm von mir, dachte der Pfarrer, zu denken, ich schösse, um Gott zu züchtigen. Gott läßt mich schießen, weil er das Leben liebt." (155)

Ohne Zögern schießt Helander den ersten Eindringling nieder. Während sich die Anderen zum Gegenangriff formieren, fällt ihm ein, dass er ein Leben lang darauf gewartet hat, es möge eine Schrift an der Wand seiner Kirche erscheinen.

> „Er wandte sich um und und blickte auf die Wand, und während er die Schrift las, spürte er kaum, wie das Feuer in ihn eindrang, er dachte nur, ich

bin lebendig, als die kleinen heißen Feuer in ihm brannten. Sie trafen ihn überall." (156)

Nachmittags
Der Kutter mit den Flüchtlingen erreicht die schwedische Küste.
Knudsen legt an und befiehlt dem Jungen, beim Kutter zu bleiben, während er Judith und den „Klosterschüler" zur Straße bringt. Sobald sie außer Sicht sind, stiehlt sich der Junge weg und läuft in den Wald. „Der Junge hatte die Empfindung, daß er noch tagelang in diesem Wald weitergehen konnte. Ich bin raus, dachte er." (157) Er gelangt an einen See und trifft auf eine verlassene, unverschlossene Blockhütte, in der er es sich bequem macht. Im See fängt er zwei Fische und kocht sie; sie schmecken allerdings nach nichts, weil er kein Salz hat. Er setzt sich vor die Hütte und denkt:

> „Ich bin 'raus, es hat wunderbar geklappt, ich bin in Schweden, ein paar Tage bleib ich hier und dann geh ich irgendwo hin und melde mich und sag, daß ich ein Politischer bin. Und dann geht es immer weiter, dann kommt vielleicht Amerika und der Mississippi oder Sansibar und der Indische Ozean." (158)

Nach einer Weile kommt er auf die Idee, zum Strand zurückzugehen und nachzusehen, ob Knudsen abgefahren ist, denn erst dann, so denkt er, ist er wirklich frei. Der Kutter liegt aber noch am Ufer, und Knudsen sitzt an Deck.
Ohne in den Wald zurückzublicken betritt der Junge den Steg und schlendert auf das Boot und seinen Skipper zu, als sei nichts geschehen.

Die Personen

Die Personen als Figuren

Die Menschen in „Sansibar oder der letzte Grund" sind Figuren.
Die Holzfigur dagegen, der „Lesende Klosterschüler", trägt Züge
eines lebendigen, handelnden Menschen.

„Er las genau. (...) Aber er las kritisch. Er sah aus, als wisse er in jedem Moment, was er da lese. Seine Arme hingen herab, aber sie schienen bereit, jeden Augenblick einen Finger auf den Text zu führen, der zeigen würde: das ist nicht wahr. Das glaube ich nicht. (...) Er sieht aus wie einer, der jederzeit das Buch zuklappen kann und aufstehen, und etwas ganz anderes zu tun." (43)

Zusammen mit der Figur ergeben die Personen ein lebensgroßes Schachspiel: Statt König, Dame, Läufer, Pferd, Turm und Bauer ziehen durch die Stadt Rerik: Kommunist, Jüdin, Pfarrer, Fischer, Klosterschüler, Junge.

Die Figuren bewegen sich aufeinander zu und voneinander weg: zwei Schritte vor, einen zurück. Sie schweben zwischen Erfolg und Misserfolg, Sieg und Niederlage, Leben und Tod. Sie sind in Zugzwang.

Der Mensch Judith hat „die Chance", von der Figur, „von diesem Burschen aus Holz mitgenommen zu werden." (...)

Der Junge wird zuerst als unwichtige und unwissende Figur herumgeschoben, gewinnt aber gegen Ende eine überraschende Bedeutung.

Die Begegnungen zwischen Gregor und Knudsen erinnern ganz besonders an unentschiedene Spiele. Beide sind taktisch geschult, beide berichtigen, interpretieren, wiederholen ihre Züge, und sie landen immer wieder im „Patt".

Die Gegner

Die Hauptfiguren sehen ihre Gegner nicht, sie ahnen sie nur.
Die Hauptfiguren sind alle weiß. Die schwarzen Figuren sind die Anderen, deren Gesichtszüge und Spielzüge unbekannt bleiben. Zuzutrauen ist den Anderen freilich alles, vor allem immer das Schlimmste.
Die Züge der schwarzen Anderen existieren nur in der Vorstellungskraft der weißen Hauptfiguren, dennoch müssen sie darauf reagieren.

Der Wirt „könnte" Judith aufs Zimmer rücken, also zieht sie fort. Die Nazis „könnten" versuchen, Knudsens Frau zu töten, also muss er bei ihr bleiben. Die Gestapo „könnte" den Pfarrer foltern, also muss er den Tod suchen.

Die Figuren als Typen

Die Personen in „Sansibar oder der letzte Grund" vertreten bestimmte Gruppen und Haltungen. Sie sind Typen.
Gregor ist der typische intellektuelle Kommunist, der die Solidarität mit den Genossen seinem Egoismus abringen muss.

Hätte er einen Beruf, wäre er nicht Arbeiter, sondern Pilot oder Schriftsteller.
Vieles weiß er besser, vor allem im Nachhinein; manches weiß er auch besser als die Leitung seiner eigenen Partei, und groß ist die Gefahr, zum Besserwisser zu werden. Am Ende hat er sich zum umfassenden Zweifel befreit, zum voraussetzungslosen Denken: „Alles muß neu geprüft werden." (144)

Knudsen ist der typische Arbeiter, der in der kommunistischen Partei Sicherheit, Solidarität und Anleitung sucht.

Von seinen Kollegen isoliert zu sein und auf eigene Rechnung handeln zu müssen, macht ihm Angst. Er ist beschränkt in seinen Erfahrungen, Ansichten und Möglichkeiten; er ist, wie man heute sagen würde, „unflexibel". Dadurch ist er aber auch beharrlich und berechenbar. Und treu: Er steht zu sich selbst und seinen Nächsten, was es auch kosten mag.

> **Helander** ist ein typischer Protestant, der die Gewissenserforschung und angewandte Ethik mit enormer Härte gegen sich und andere betreibt.

Gleichzeitig ist der Pfarrer auch der typische deutsche Bürger: national und konservativ gesinnt, dabei gebildet und deshalb liberal. Sein Antinazismus ist weniger politisch als ästhetisch motiviert: SA-Männer sind ungezogene Leute in hässlichen Uniformen, und es gehört sich einfach nicht, Juden die Fenster einzuschmeißen. „Das Gesindel, dachte der Pfarrer. So sieht also das Gesindel aus: Fleisch in Uniformen, Gesichter unter Hüten." (154)

> **Judith** ist die typische assimilierte deutsche Jüdin, die aus allen Wolken fällt, als der barbarische Antisemitismus aufersteht.

Judith ist auch darin typisch, dass sie und ihr Elternhaus sowohl Vorurteile der Nazis als auch der Philosemiten bedienen: Juden sind tüchtig und intelligent, deshalb reich; Juden haben sich den Zugang zu Hamburger Tennisclubs verschafft; der jüdische Fabrikant liest Goethe; die jüdische Fabrikantengattin trinkt aus Meißner Porzellan. Judith ist geradezu ein Musterexemplar, und auf den ersten Blick fragt sich Gregor, ob er etwas riskieren möchte

> „für ein junges schwarzhaariges Mädchen, das einen hellen Trenchcoat anhatte, für eine Fremde mit einem schönen, zarten fremdartigen Rassegesicht, für eine Ausgestoßene mit wehenden Haarsträhnen über einem hellen, elegant geschnittenen Trenchcoat." (63)

Der Junge ist typisch in der jugendlichen Auflehnung; er weiß, was er nicht will – vor allem will er nicht sein wie die Erwachsenen – was er aber will, weiß er nicht. Seine Pläne sind Träume, sind „Sansibar".

Keinerlei Hinweis gibt uns der Autor, was der Junge über Die Anderen denkt und wie er zu ihnen steht. Seinem Alter nach könnte er Hitlerjunge sein. Abenteuerlust, Lagerfeuerromantik, Gemeinschaftsaktion, auch das Ausleben von Agression – all diese jugendlichen Sehnsüchte sind von den Nazis sehr geschickt kanalisiert und benutzt worden. Es wäre typisch, wenn der Junge begeistert in der Hitlerjugend mitmarschiert, um dann allerdings nicht auf Sansibar, sondern im Schützengraben zu landen. Ob der Junge zu den Anderen überlaufen oder ihnen widerstehen wird, bleibt offen.

Dem jungen Menschen ist noch alles möglich, auch das Richtige, und so spielt der Junge die typische Rolle des jugendlichen Hoffnungsträgers.

Typische Konstellationen

Typisch sind die Figuren auch, wenn sie sich treffen.

Die beiden Kommunisten unterschiedlicher Herkunft rasseln sofort partei-taktisch aneinander.

Der Pfarrer nennt den Kommunisten „roter Hund" (26), der Kommunist nennt religiöse Skulpturen „Götzen" (28); beide denken sich nicht viel dabei. Es sind Reflexe.

Automatisch sagt die Jüdin, sobald sie die Kirche betritt: „Ich bin getauft." Und automatisch fragt sich der Pfarrer, als er sie in seiner Kirche antrifft: „Ob sie getauft ist?" (116)

Der alte Seemann Knudsen sagt über seinen Schiffsjungen: „Er hat keine Fragen zu stellen". Der junge Intellektuelle Gregor dagegen: „Er hat Fragen zu stellen". (86)

Gregor und Judith sind einander völlig fremd und werden durch eine Herbstnacht gehetzt. Doch so ungünstig die Bedingungen auch sein mögen – die beiden erfüllen die typische Konstellation „junger Mann trifft junge Frau"; sie denken an Sex und hauchen sich romantisch an.

Formierung der Gruppe

> Andersch variiert in „Sansibar oder der letzte Grund" ein geläufiges Thema: Die Formierung einer Gruppe.

Vor der Lösung des Hauptkonflikts, vor der eigentlichen Aktion gilt es, ein geeignetes Team zusammenzustellen. Dieser Vorgang wird oft so komplex und umfangreich dargestellt, dass die eigentliche Aktion in den Hintergrund tritt.

Wie bildet man eine handlungsfähige Gruppe? Man braucht Spezialisten (zum Beispiel jemanden, der rudern kann). Man muss Personen zum Mitmachen bewegen, die nicht wissen, worum es eigentlich geht (zum Beispiel einen Schiffsjungen) und solche, die gar nicht mitmachen wollen (zum Beispiel einen Mann, der viel zu verlieren hat). Manchmal braucht man sogar eine Person, an der sich die Notwendigkeit der Aktion überhaupt erst beweisen lässt (zum Beispiel eine schöne Frau). Und immer ist die Gruppe mit der Frage befasst, wer sie führen soll, und ob man allen Beteiligten trauen kann.

In „Sansibar oder der letzte Grund" verläuft die Gruppenbildung zunächst enttäuschend. Die Figuren haben kein gemeinsames Ziel, sondern nur einen übermächtigen „gemeinsamen Feind". Sie sind handlungsunfähig.

„Wir arbeiten jetzt mit allen zusammen: mit der Kirche, mit den Bürgern, sogar mit den Leuten von der Armee. Mit allen, die gegen die Anderen sind", erklärt Gregor. (57) Dabei weiß er, dass diese Organisationsform zu spät kommt und einen aussichtslosen „Kampf nach der Niederlage" führt.

Aus diesem Tiefpunkt, mit nichts bewaffnet als einem Rest von Selbst-behauptungswillen, erringen die verzweifelten Personen ihren Sieg. Unter den gegebenen Bedingungen ist die Gruppe überaus erfolg-reich. Nur der ohnedies todgeweihte Pfarrer fällt, die Jungfrau aber wird vor dem Bösen gerettet, die beiden anständigen Seeleute kämp-fen in der Heimat weiter, der Held Gregor zieht neuen Abenteuern ent-gegen.

Den Sieg des Geistes über den Ungeist schließlich verbürgt das Sym-bol, die Holzfigur eines Menschen, der „Lesende Klosterschüler".

Themen

„Sansibar" als Historischer Roman

Von den Etiketten, mit denen man gewöhnlich Romane klassifiziert, scheint keines recht auf „Sansibar oder der letzte Grund" zu passen. Durch die Figuren Gregors und des Jungen hat das Buch Züge eines Entwicklungsromans; in der Beschäftigung mit dem kommunistischen Widerstand ist es ein politisches Buch und schließlich nimmt es eine Wendung hin zum Abenteuerroman. Am ehesten düfte „Sansibar" als Historischer Roman anzusehen sein, da er den Nationalsozialismus thematisiert, der als eigentliches Geschehnis abgeschlossen und vergangen ist.

„Sansibar" erschien zwölf Jahre nach dem Untergang des Nationalsozialismus. Der Autor konnte voraussetzen, dass seinen Lesern die spezifischen Erscheinungen der Nazi-Zeit genauestens bekannt waren. Die Bereitschaft dagegen, sich zu dem Bekannten zu bekennen und es aufzuarbeiten, war im Deutschland der fünfziger Jahre nicht sehr verbreitet.

Aus heutiger Sicht wirken die historischen Ereignisse in „Sansibar" als etwas nebelhafter Hintergrund, vor dem sich das persönliche Drama der Hauptfiguren abspielt.

Andersch ist bestrebt, statt der historisch spezifischen die allgemeingültigen Phänomene des Totalitarismus in den Vordergrund zu stellen. Er steht auf Seiten der Opfer, beschreibt, wie sie unter der Maschinerie des Terrors leiden und sich gegen sie behaupten.

45 Jahre nach seiner Entstehung ist „Sansibar" ein Historischer Roman in doppeltem Sinn: Er dokumentiert die Auswirkungen des Terrors auf die Terrorisierten am Beispiel des Nationalsozialismus. Und er ist selbst ein historisches Dokument, das die Verfassung und Position der überlebenden Zeitzeugen in der unmittelbaren Nachkriegszeit darstellt.

Der Totalitarimus

Das historisch Einzigartige am Nationalsozialismus war die völlig grundlose, aber verwaltungstechnisch und industriell perfekt ins Werk gesetzte Ermordung von sechs Millionen Juden. Dieses Einzigartige des Nationalsozialismus dient als Hintergrund in „Sansibar". Es klingt im Schicksal der Jüdin Judith an und wird als bekannt vorausgesetzt.

Zwei weitere Themenkreise aus der Zeit des Nationalsozialismus werden angeschnitten, insofern sie für die Hauptpersonen bedeutsam sind: Die deutschen Kommunisten leisteten den Nazis zwar einen opferreichen Widerstand, hatten damit jedoch, auch aus inneren Gründen, keinen praktischen Erfolg. Diese Niederlage und ihre Gründe sind für Gregor und Knudsen noch nicht erledigt. Deshalb sagt Knudsen, als Gregor ihm die neue Taktik des Zentralkommitee (ZK) erklären will:

> „Wenn das ZK hochgeht, ist die ganze Partei im Eimer. Er dachte: die Partei ist sowieso im Eimer.
> Das ZK geht nicht hoch, sagte Gregor. Er wußte, daß er damit Knudsen nicht überzeugte. Die Genossen waren überall darüber hinaus, sich von einfachen Behauptungen überzeugen zu lassen." (47)

Von christlicher Seite leisteten nur wenige Einzelpersonen Widerstand. Die Kirchen arrangierten sich mit den Nazis. Getaufte Juden, also ihre Glaubensgenossen und Gemeindemitglieder, ließ die Christenheit umgehend im Stich, so dass Pastor Helander verzweifelt feststellt: „Die Schande der Kirche war unermesslich." (116)

Doch „Sansibar oder der letzte Grund" beschreibt und analysiert nicht vorwiegend einzigartige oder spezifische Bedingungen des Nationalsozialismus.

Das Buch thematisiert gerade die typischen Erscheinungen, die der Nationalsozialismus mit anderen totalitären Systemen gemein hat: Willkür der Machthaber, Rechtlosigkeit des einzelnen

Bürgers, Verfolgung von Minderheiten durch die Mehrheit, Spitzelorganisationen, Terrorapparate. Die Inquisition, der Kolonialismus, der Stalinismus bedienten sich eben dieser Methoden.

Und es ist deprimierend einfach, in unseren Tagen eine Liste von Staaten zu erstellen, in denen eben diese Methoden herrschen.

Die Opfer als Helden

Es ist eine spezifische Eigenart des totalitären Terrors, dass seine Opfer den aussichtslosen Widerstand aufgeben und stattdessen beginnen, sich selbst zu zerstören. Ihrer Existenz beraubt, beginnen sie, an ihrer Existenzberechtigung zu zweifeln. So auch die beiden Kommunisten, der Pfarrer und die Jüdin. Sie wüten gegen ihre eigene Partei, verzweifeln an ihrem eigenen Glauben, stellen ihr früheres Leben in Frage und den Wert ihrer erworbenen Fähigkeiten.

Die drohende Selbstaufgabe der Opfer ist der eigentliche Konflikt in „Sansibar". Und er wird gelöst. Das Buch hat ein glückliches Ende. Denn aus dem Tiefpunkt, mit nichts bewaffnet als einem Rest von Selbstbehauptungswillen, erringen die verzweifelten Personen einen Sieg.

Unter den gegebenen Bedingungen sind sie überaus erfolgreich. Die Jüdin und die Figur werden gerettet; Gregor, Knudsen und dem Jungen gelingt die regimefeindliche Aktion, und sie kommen ungestraft davon. Und gerade der todgeweihte Pastor Helander vollzieht sterbend den entscheidenden Schritt aus der Opferrolle hinaus. Er macht sich nicht klein, bringt sich nicht um, sondern behauptet sich und fällt im Kampf.
Allerdings ist der Pistolenschuss des Pfarrers nur der Schlusspunkt eines Gedankengangs. Denn es geht weniger um die Aktion der Figuren, als vielmehr um ihr Denken und ihre Haltung.

Themen

Auch die Rettung des „Klosterschülers" ist eine symbolische Handlung, ist eine Gedanken-Tat. Sein überaus komplizierter Transport erinnert stark an ähnliche Aktionen in des Jungen Lieblingsbuch „Huckleberry Finn". Es geht weniger um die Rettung der Figur, als vielmehr darum, alle Personen in einer Aktion solidarisch zu vereinen.

> „Knudsen deutete mit dem Finger auf seine Stirn. Da drin müssen wir noch da sein, sagte er. Das ist viel wichtiger als ein paar Flugblätter zu verteilen (...)." (48)

Entscheidend ist nicht, was getan, sondern was gedacht und gesprochen wird. Alle Konflikte werden sprachlich erkannt, sprachlich ausgetragen und sprachlich gelöst.

Themen

Die Sprache

> Die Personen finden den Mut, zu sagen was sie denken, sie sind bereit, den anderen zuzuhören und fähig, sich trotz aller Differenzen miteinander zu verständigen. Mittels der Sprache kommen sie zu sich selbst und zueinander.

Vor allem Gregor, der verhinderte Schriftsteller, thematisiert die Sprache. Wäre er nicht bedroht, könnte er eine kunstvolle Sprache benutzen, die über die bezeichneten Dinge hinausweist. Das Stück Ostsee, auf dem er seine Flucht bewerkstelligen will, könnte er beschreiben als „eine Vogelschwinge aus eisigem Ultramarin, die den Spätherbst Skandinaviens umfliegt". (8)
Da er jedoch bedroht ist, gibt es „nur Feststellungen: Kiefernwald, Fahrrad, Straße". (8)
Gregor bemerkt auch die charakteristische Sprache der anderen Personen. Zum Beispiel beim Zusammentreffen Helanders und Judiths, die beide dem gebildeten Bürgertum angehören:

> „Junge Dame, dachte Gregor, und dann die Anrede ‚Kind' und ihr Getue mit ‚Aber ich gehe sofort, wenn sie nicht wünschen, daß ich bleibe', – was für eine Sprache sie miteinander reden, die Sprache ihrer Kreise, sie haben so-

fort gewußt, daß sie zusammengehören, sie haben sich am Tonfall erkannt." (116)

Aber auch Judith, auf der Flucht in eine fremde Umgebung geworfen, macht sprachliche Beobachtungen:

„Wenn ich wüßte, was ‚Flittchen' auf schwedisch oder englisch heißt, könnte ich ihn fragen, ob er mich für ein Flittchen hält. (...)
Der Wirt ist so gemein geworden, weil er scharf ist auf mich, erklärte sie. Himmel, dachte sie fast staunend, das ist eine Erklärung wie von einer Hafendirne (...). (78)
Getürmt, dachte Judith, er nennt das, was ich getan habe, türmen. Türmen, das paßte zu Flittchen. Paßt es zu mir? überlegte sie." (104)

Aus solcher sprachlichen Selbstvergewisserung wächst schließlich das schon verloren geglaubte Selbstbewusstsein.
Stolz urteilt Pfarrer Helander über die Anderen:

„(...) sie selbst besaßen keine Sprache und sie haßten nichts mehr als die Sprache derer, die sie verhafteten. Ihr Haß auf die Sprache war der Grund, warum sie ihre eigene Stummheit nicht anders erlösen konnten als in den Schreien der Gefolterten." (154)

Wenngleich sie im Buch nicht vorkommt, hatten die Anderen, die Nationalsozialisten, durchaus eine eigene Sprache; diese war aber ganz besonders auf Selbst-Täuschung, Täuschung und Überwältigung spezialisiert.
Den Gegenentwurf zu solcher Sprache liefern die sehr beredten Hauptpersonen in „Sansibar oder der letzte Grund". Das Buch selbst ist, mit seiner immer kritischen, aufrichtigen und humanen Sprache, ein Gegenentwurf zum Totalitarismus.

Die erzählerischen Mittel

Konstruktion

„Sansibar oder der letzte Grund" gleicht im Aufbau einem Theaterstück. Einheit von Ort und Zeit bleiben gewahrt.
Die Auftritte der Personen geschehen in abgezirkelten Szenen.
Der Junge spielt die Rolle eines die Handlung begleitenden und konterkarierenden Chorus'.

Darüber hinaus vermeidet der Autor gezielt alle dem Roman eigenen Stilmittel. Nebenhandlungen kommen nicht vor; Nebenfiguren (Ehefrau, Wirt, Seemann) dienen lediglich der Motivation der Hauptfiguren; Rückblenden werden nicht ausgeführt, sondern in den inneren Monologen der Hauptpersonen erinnert. Die historische Situation – Deutschland zur Zeit des Nationalsozialismus – wird nicht ausgemalt, ja kaum spezifiziert; sie dient als unermesslicher Hintergrund des Schreckens. Das Böse, von dem die Personen zur Flucht gezwungen werden, nimmt nicht Gestalt an; seine Schergen sind gesichts-, geschichts- und namenlos.
Die Personen sind dem Terror wie in einem Labor ausgesetzt. Auf ihrer nahezu bewegungslosen Flucht nähern sie sich Szene um Szene dem Ziel und finden es schließlich an einem der jeweiligen Person angemessenen Ort: In „Sansibar", im Asyl, in der Illegalität, in der Heimat, im Tod. Die Flüchtlinge gelangen nicht in die Freiheit, sondern zu sich selbst, und der Roman, der als Schicksalsdrama begann, endet als Lehrstück.

Erzählhaltung

Das Geschehen wird konsequent aus der Perspektive der fünf Hauptpersonen berichtet.

Treffen die Personen aufeinander, überschneiden und ergänzen sich ihre Perspektiven.

Der Autor erzählt nicht auktorial.

Er weiß nicht mehr als seine Figuren und erläutert das Geschehen nicht. Er wendet sich nicht, über seine Figuren hinweg, an die Leser.

Genau genommen liegen Erlebnisberichte der Hauptpersonen vor, die sich problemlos in Ich-Erzählungen übertragen ließen.

Sprache

> Das Geschehen wird nicht nur aus der Perspektive der Hauptpersonen erzählt, sondern auch in ihrer Sprache.

Der Autor verzichtet auf einen hohen literarischen Ton. Das Geschehen wird mit gleichsam neutraler Sprache geschildert, mit einer Sprache, die den kleinsten gemeinsamen sprachlichen Nenner der recht unterschiedlichen Hauptfiguren bildet.

Dagegen werden Beobachtungen, Gedanken, innere Monologe und wörtliche Rede jeder einzelnen Hauptfigur durch sprachliche Eigenheiten deutlich charakterisiert.

Der Junge „schlägt sich noch den Grießpudding rein", während seine Mutter „zu nölen anfängt". Die Erwachsenen betrachtet er als „blödes Volk". (45)

Fischer Knudsen bezeichnet seine Kollegen schon mal als „Ochsen" und Pfarrer Helander als Pfaffen „mit einem geraden Maul". (26)

Pfarrer Helander nennt Judith „Kind" und „Junge Dame", sie antwortet ihm entsprechend höflich und gepflegt; die beiden Bürger erkennen sich am Tonfall. (115, 116)

Gregor schließlich verfügt auch über eine künstlerische Sprache, die er jedoch, so oft sie sich ihm aufdrängt, als unangemessen verwirft. Da er bedroht ist und sich durchschlängeln muss, bedient er sich kraftvoller Umgangssprache: „Himmeldonnerwetter, warum mache ich die Dreckarbeit?" (116) und belässt es bei einfachen konkreten „Feststellungen: Kiefernwald, Fahrrad, Straße". (8)

Der historische Hintergrund des Romans

„Ein reizendes Land: man steht vor fremden
Schiffen an, um es zu verlassen." (61)

Der Erste Weltkrieg (1914 – 1918)

Der von Deutschland und Österreich leichtfertig ausgelöste Erste
Weltkrieg endete mit einer Niederlage. Anstelle der großmannssüch-
tigen Kriegsziele erreichte man den eigenen Bankrott. Der deutsche
Kaiser flüchtete.
Mit dem Ende des Krieges und dem Ende der Monarchie musste in
Deutschand die überfällige Anpassung von Gesellschaftsordnung und
Politik an die Gegebenheiten eines modernen Industriestaates erfol-
gen.

Die Weimarer Republik (1918 – 1933)

Die Republik, deren Verfassung in Weimar ausgearbeitet wurde, hatte
zuerst mit den Hinterlassenschaften des verlorenen Krieges zu kämp-
fen. Die Siegermächte verlangten Gebietsabtretungen und Repara-
tionsleistungen. Die Bevölkerung hungerte. Ein Millionenheer von
desillusionierten und ziellosen, zum Teil verrohten Soldaten musste
integriert werden.
Der schwierigen Aufgabe der Neu-Organisation des Staates stellte
sich die Republik ohne mehrheitlichen Rückhalt im deutschen Volk.
Insbesondere politische Extremisten arbeiteten von Beginn an gegen
die Demokratie. Die Linken strebten, nach dem Vorbild der soeben
entstehenden Sowjetunion, die „Diktatur des Proletariats" an. Die
Rechten wollten einen von Macht- und Besitz-Eliten autoritär geführ-
ten Staat.
Nach einigen Jahren der Stabilisierung Mitte der zwanziger Jahre
brachte die Weltwirtschaftskrise ab 1929 die Republik erneut ins Wan-

ken. Börsenkräche und ein Niedergang des Welthandels schlugen ungebremst auf Mittelstand und Arbeiterschaft durch; die Zahl der Arbeitslosen betrug fast 6 Millionen, und weite Teile der deutschen Bevölkerung verelendeten. Der Reichstag und die wechselnden Regierungen wirkten hilflos, was wiederum die extremistischen Parteien begünstigte, die mit Patentrezepten und haltlosen Versprechungen um Wähler warben.

Die NSDAP

Die Nationalsozialistische Deutsche Arbeiterpartei, gegründet 1919, war eine rechte Splitterpartei mit verschwommenen Zielen. Präzise und radikal vertrat die NSDAP nur negative Positionen: Sie war antidemokratisch, antikommunistisch und antisemitisch. Nach einem missglückten Putschversuch 1923 verlegte sich die NSDAP darauf, die Macht auf legalem Weg zu erreichen, hielt sich aber paramilitärische Schlägertruppen: die „Schutzstaffel" (SS) und die „Sturmabteilung" (SA).

In den politisch chaotischen Jahren der Weltwirtschaftskrise wirkte die straffe Organisation der NSDAP anziehend. Adolf Hitler, ein begabter demagogischer Redner, führte die Partei mit diktatorischen Vollmachten. In Hitler kristallisierte sich die in Deutschland zunehmend aufkommende Sehnsucht nach starker Führung.

Machtübernahme und „Gleichschaltung" (1933)

Anfang 1933 bildeten die NSDAP und andere Rechtsparteien eine Regierung mit Hitler als Reichskanzler. Die Rechts-Konservativen hatten einige Positionen mit der NSDAP gemeinsam und hofften, Hitlers Radikalität mildern zu können, wenn er erst in der Regierungsverantwortung stünde.

Die neue Regierung erließ Gesetze, die Eingriffe in die Presse- und Versammlungsfreiheit und willkürliche Verhaftungen ermöglichten. In

Schlüsselpositionen aller Institutionen wurden Nationalsozialisten eingesetzt.

Im März 1933 verabschiedete der Reichstag – ohne die Stimmen der verhafteten oder geflohenen KPD-Abgeordneten, gegen die Stimmen der SPD, aber mit den Stimmen der konservativen und liberalen Parteien – das verfassungsändernde „Ermächtigungsgesetz". Dieses Gesetz enthob die Regierung jeder parlamentarischen Kontrolle, der Reichstag hatte sich selbst abgeschafft.

Die Regierungsmaßnahmen wurden vom Terror der SA flankiert. Bis Oktober 1933 hatten die Nazis rund 600 politische Gegner ermordet und 100 000 – hauptsächlich Kommunisten – verhaftet.

Zur „Gleichschaltung" gehörten auch die Verfolgung von Künstlern und die Zerstörung von Kunstwerken. Der Hass der Nazis traf zuerst regimekritische und jüdische Künstler, dann aber auch Kunstwerke, die einfach nur besonders realistisch waren, stilistisch über den Horizont der Nazigefolgschaft hinausgingen oder Anleihen aus anderen Kulturkreisen nahmen. Hiervon war zum Beispiel moderne amerikanische Musik wie der Jazz betroffen.

Die von den Nazis propagierte Kunst verherrlichte den muskulösen deutschen Mann beim Umgang mit Waffen und Werkzeugen und die blonde und gesunde deutsche Frau beim Umgang mit Kindern oder turnend in der Sonne. Alles andere galt als „entartet".

„Entartete" Bücher wurden öffentlich verbrannt. „Entartete" Bilder und Skulpturen dagegen, wenn sie nennenswerte Erlöse versprachen, wurden den Besitzern gestohlen und ins Ausland verkauft, wobei sich führende Nationalsozialisten bereicherten.

Mitte 1934 ließ Hitler an die 100 hohe SA-Führer, zu mächtig gewordene alte Kameraden und prominente konservative Konkurrenten ermorden. Unter dem Vorwand, die Opfer hätten einen Putsch geplant, wurde das Verbrechen im Nachhinein als „Staatsnotwehr" für legal erklärt. Damit hatten sich die Nazis nicht nur unliebsamer Personen entledigt, sondern auch den Beweis erbracht, dass eine deutsche Regierung offen hundertfachen Mord begehen konnte, ohne dafür zur Rechenschaft gezogen zu werden.

Einen Monat später, nach dem Tod des Reichspräsidenten Hindenburg, vereinigte Hitler Präsidenten- und Kanzlerschaft in seiner Person. Als „Führer", Reichskanzler, de facto Oberbefehlshaber der Wehrmacht und Vorsitzender der einzig verbliebenen Partei verfügte er nun über unbegrenzte diktatorische Macht.

1937

Neben dem Aktivismus seiner Anhänger, einer allgegenwärtigen modernen Propagandamaschinerie und dem Terror gegen Andersdenkende verdankte der Nationalsozialismus seine stabile Herrschaft auch einigen konkreten Erfolgen. Eine dirigistische Wirtschaftspolitik und die gleichzeitige Erholung der Weltwirtschaft ließen die Arbeitslosenzahlen drastisch sinken. Die selbstbewusste Politik nach außen – völkerbundkonforme Eingliederung des Saargebiets, völkerbundwidrige Besetzung des Rheinlands, Bündnisse mit Italien und Japan – wurde gekrönt von der Austragung der Olympischen Spiele 1936, die im Ausland als Beweis deutscher Tüchtigkeit vorwiegend mit Sympathie aufgenommen wurde.

Zu Erfolgen in der Realität kamen Erfolge, die lediglich in der Propaganda existierten. Die gewaltsame Unterbindung jeder politischen Auseinandersetzung begriffen viele Bürger als Herstellung von „Ruhe und Ordnung". Missstände, Not und Kriminalität kamen in den nationalsozialistisch kontrollierten Massenmedien nicht mehr vor. Jeder materielle Fortschritt dagegen wurde als Errungenschaft des Nationalsozialimus gefeiert, zum Beispiel der Bau von Autobahnen und die Produktion des „Kraft-durch-Freude"-Automobils für Jedermann. Den Erfolg der Propaganda kann man daran ermessen, dass bis heute beide Projekte gelegentlich noch auf der Haben-Seite der Nazis verbucht werden, obwohl die Autobahnen nur dreihundert Kilometer weit reichten und weder verkehrstechnisch noch militärisch von irgendeiner Bedeutung waren, und obwohl der „Volkswagen" an keine einzige Privatperson ausgeliefert wurde.

Die Nationalsozialisten ließen sich ihre Politik verschiedentlich durch

Volksabstimmungen bestätigen. Die jeweils neunzigprozentige Zustimmung dürfte zum Teil auf fehlende Alternativen, auf undemokratischen Druck und wohl auch auf Wahlfälschungen zurückzuführen sein. Es kann aber kein Zweifel bestehen, dass im Jahre 1937 die Mehrheit der Deutschen mit dem Nationalsozialismus einverstanden war und ein weiterer großer Teil gedankenlos oder opportunistisch „mitlief". Die Zahl der Deutschen, die tatsächlich Widerstand leisteten, war verschwindend gering.

Der Zweite Weltkrieg (1939 – 1945)

Hitler hatte – wie nicht wenige seiner Generation – immer geplant, die Ergebnisse des Ersten Weltkrieges rückgängig zu machen. Zudem glaubten die Nazis – verführt von Größenwahn und Allmachtsfantasien –, Deutschland müsse und könne ganz Europa beherrschen und habe das Recht, als „minderwertig" angesehene Völker auszubeuten und zu versklaven. Überdies konnte die auf Rüstung und Schuldenmacherei beruhende Wirtschaftspolitik nur in Raubzügen münden.
Der Zweite Weltkrieg begann am 1. September 1939 mit dem Überfall Deutschlands auf Polen. Es folgten: Eroberung Polens, Besetzung Dänemarks und Norwegens, Besetzung der neutralen Niederlande und Belgiens, Sieg über Frankreich, Vertreibung der britischen Expeditionsstruppen.
Das deutsche Volk – das den Ersten Weltkrieg noch in schlechter Erinnerung hatte – reagierte auf den Kriegsbeginn eher mit Angst als mit kriegerischer Begeisterung. Nach den ersten leichten Siegen in Form von „Blitzkriegen" verfiel man allerdings in einen Siegestaumel. Der von den Nazis propagierte Überlegenheits-Wahn griff um sich, und auch hartnäckige Zweifler begannen, im Nationalsozialismus eine unwiderstehliche Kraft zu sehen und in Hitler den Mann, dem alles gelang.
Mit dem Überfall auf die Sowjetunion 1941 wendete sich jedoch das Blatt. Der deutsche Vormarsch kam vor Moskau zum Stehen; die Verluste waren auf beiden Seiten gewaltig. Mit dem Kriegseintritt der

USA Ende 1941 – nach der Kriegserklärung Hitlers – war der Krieg praktisch entschieden. Gleichwohl lieferten die deutschen Streitkräfte, vielfach aufgefüllt mit jugendlichen, alten und weiblichen Hilfssoldaten, den Alliierten einen erbitterten Abwehrkampf, der erst im Herzen deutscher Städte sein Ende fand.

Truppen und Zivilisten wurden ohne militärischen Sinn geopfert, nur um das unvermeidliche Ende ein paar Wochen hinauszuzögern – nicht zuletzt, weil die Männer der Regierung und der militärischen Führung sehr wohl wussten, dass man sie am Ende des Krieges für ihre Verbrechen zur Rechenschaft ziehen würde.

Der Völkermord

Sofort nach der Machtübernahme begann in Deutschland die Verfolgung der Juden. Schon im Parteiprogramm der NSDAP war vorgesehen, den deutschen Juden das Staatsbürgerrecht abzuerkennen; nur „wer deutschen Blutes ist", dürfe „Volksgenosse" und dementsprechend deutscher Staatsbürger sein. Juden sollten daher „ohne Rücksichtnahme auf Konfession" aus der „Volksgemeinschaft" ausgeschlossen werden. Das entsprach der Definition Hitlers, wonach das Judentum als „Rasse und nicht Religionsgemeinschaft" zu gelten hatte. Doch die konfuse, wissenschaftlich unhaltbare nationalsozialistische Rassenlehre gab praktisch kaum eine Möglichkeit nachzuweisen, welcher Rasse oder Rassenmischung ein Deutscher Bürger angehörte. Man entschied sich schließlich für eine „Definition", nach der als Jude galt, wer mindestens drei jüdische Vorfahren unter seinen Großeltern hatte. Wer dagegen nachweisen konnte, dass seine Vorfahren Angehörige der „nordischen Rasse" waren, hatte seinen „Arier-Nachweis" erbracht. Juden wurden aus dem Staatsdienst entfernt, und die Ausübung vieler Berufe wurde ihnen erschwert oder unmöglich gemacht; so durften jüdische Ärzte nur Juden behandeln, bis ihnen ihr Beruf gänzlich verboten wurde.

Im Rahmen der „Nürnberger Gesetze" von 1935 verboten die Nationalsozialisten, deren Rassismus stark von sexuellen Zwangsvorstellungen geprägt war, die „Mischehe" und sexuelle Kontakte zwischen Juden und „Ariern" als „Rassenschande".

Neben den Regierungsmaßnahmen kam es zu zahlreichen mehr oder weniger spontanen antisemitischen Aktionen der SA und der Bevölkerung. 1938, während des „Reichskristallnacht" genannten Pogroms, wurden vom aufgehetzten Mob 91 Juden ermordet, 7500 Geschäfte geplündert und 191 Synagogen angezündet. Lokale Behörden verboten Juden den Besuch von Kinos und Schwimmbädern, Ortschaften wurden als „judenfrei" gemeldet. Mussten Juden ihre Geschäfte oder anderen Besitz zwangsweise, oder weil sie emigrierten, aufgeben, wurde ihr Eigentum zu Spottpreisen von Deutschen übernommen; diese Form des Diebstahls nannte man „Arisierung".

Vor den Augen der Öffentlichkeit nahmen die staatlichen Verordnungen immer grausamere und groteskere Formen an. Verboten war Juden unter anderem der Besitz von: Schmuck, Radio, Telefon, Zeitungen, Haustieren. Ab 1941 mussten Juden in der Öffentlichkeit einen gelben Stern auf der Kleidung tragen.

Im Verlauf des Weltkrieges machten die Nazis ihren lange gehegten – verschiedentlich auch mehr oder weniger deutlich ausgesprochenen – Plan des Völkermords wahr. Seine Durchführung sollte möglichst geheim bleiben, aber natürlich waren Tausende Deutsche – und nicht nur SS-Männer, sondern zum Beispiel auch Bahn- und Verwaltungsbeamte – daran beteiligt.

Die in Deutschland verbliebenen Juden wurden in Konzentrations- und Vernichtungslager verbracht, ebenso die Juden der besetzten Länder, insbesondere in Osteuropa. Ständig hungernd, zu schwerster Arbeit gezwungen, als medizinische Versuchskaninchen missbraucht und unvorstellbaren Grausamkeiten der Wachmannschaften ausgesetzt litten die Opfer ihrem Ende entgegen.

Die Tötung selber war nur mit industriellen Methoden zu bewerkstelligen. Lager wie Auschwitz und Treblinka waren Todesfabriken. Man trieb die Menschen scharenweise in Gaskammern; die Leichen wurden in großen Krematorien verbrannt. So starben 6 Millionen Männer, Frauen und Kinder.

Literarisches Umfeld und Rezeption von „Sansibar"

In der Sowjetischen Besatzungszone und der aus ihr entstehenden DDR bildete sich ab 1945 durch die Rückkehr kommunistischer Emigranten und staatliche Einflussnahme eine relativ homogene Literaturszene. Mit dem Nationalsozialismus als der verbrecherischsten Ausformung des Kapitalismus hatte man bald abgerechnet. Es galt nun, den Aufbau einer sozialistischen Gesellschaftsordnung solidarisch – und, sofern erlaubt, kritisch – zu begleiten.

In Westdeutschland wurde der literarische Markt zuerst von Autoren beherrscht, die stilistisch und inhaltlich an Vorkriegszeiten anknüpften. Ihre Antwort auf den Nationalsozialismus bestand vor allem in einer Rückbesinnung auf bürgerliche und christliche Werte.

Die westdeutschen Autoren, die heute als Inbegriff der Nachkriegsliteratur erscheinen (Wolfgang Koeppen, Günter Eich, Heinrich Böll, Wolfdietrich Schnurre, Siegfried Lenz, Günter Grass und andere) setzten sich in der Öffentlichkeit nur allmählich durch. Für die meisten unter ihnen, die wie Alfred Andersch einen Großteil ihres bisherigen Lebens an den Nationalsozialismus verloren hatten, galt 1945 als „Jahr Null", das die Chance zu einem politischen, geistigen und künstlerischen Neuanfang bieten sollte.

Zu diesem Projekt hatte schon Alfred Anderschs Erstling „Die Kirschen der Freiheit" beigetragen. Er war von Heinrich Böll als ein „Trompetenstoß, der in die schwüle Stille fährt" begrüßt worden, während rechte Kritiker das Buch wegen der kompromisslos individualistischen Haltung des Autors und seiner Verherrlichung der Desertion scharf kritisiert hatten.

Anderschs Roman „Sansibar oder der letzte Grund" wurde allgemein mit Sympathie aufgenommen. Tatsächlich fand kaum jemand an diesem Buch etwas auszusetzen. Bezeichnenderweise war nicht umstritten, ob, sondern warum das Buch gut sei.

Die meisten Rezensenten hielten „Sansibar" für ein „tröstliches" und „innerliches Buch", dem ein seltsamer „Zauber" innewohne. Dass den Helden die Rettung der Jüdin und des „Klosterschülers" gelingt, fand allgemeinen Beifall als Muster einer „beispielhaft humanen Tat". Der Kritiker Adolf Muschg entdeckte in dem Roman „in Schönheit aufgelöste Trauer" und „ein unaufdringliches Gleichnis".

Diesem Befund widersprach der Schriftsteller Arno Schmidt aufs heftigste: „In Gleichnissen spricht nur der Feigling." Es handle sich bei diesem Buch vielmehr um eine „aufdringliche Abbildung der Wirklichkeit" und „Anklage gegen Deutschland". Schmidt erkennt manche Parallele zwischen 1937 und 1957. Diese Auffassung ist historisch begründet. In den fünfziger Jahren feierte Westdeutschland das „Wirtschaftswunder" und trat in den „Kalten Krieg" ein. An einer Aufarbeitung der nationalsozialistischen Verbrechen zeigte niemand Interesse; neue Rechtsparteien hatten Konjunktur. Nur vor diesem Hintergrund kann „Sansibar" als konkrete Anklage und „mutiges" Buch gesehen werden.

„Sansibar oder der letzte Grund" wurde alsbald in den Kanon der Schullektüre aufgenommen. Wegen seiner einfachen Sprache, der durchsichtigen Konstruktion, der abenteuerlichen Wendung am Schluss und wohl vor allem wegen der identifikationsstiftenden Figur des Jungen ist das Buch zweifellos für junge Leser gut geeignet. Verschiedentlich haben Kritiker vermutet, „Sansibar" sei gerade deshalb als Schullektüre favorisiert worden, weil es zwar Solidarität mit den Verfolgten des Naziregimes auslöse – jedoch über Herkunft und Funktion des Nationalsozialismus sowie die Verstrickung aller Deutschen in seine Verbrechen nicht konkret unterrichtet.

Zum andauernden Erfolg des Buches hat der träumerische Titel nicht wenig beigetragen, obwohl er gemessen am Inhalt kaum mehr als eine Verzierung ist. Immer wieder war in der Sekundärliteratur und noch in Nachrufen auf Alfred Andersch die Rede vom Dichter, der nie aufgab, sein „Sansibar" zu suchen und dem „letzten Grund" nachzuforschen.

Der Schriftsteller Alfred Andersch

Übersicht über sein Leben

Alfred Andersch wird am 4.2.1914 in München geboren.
Nach Abbruch der Schule beginnt er eine Verlagslehre.
1930 wird er Mitglied der Kommunistischen Partei Deutschlands (KPD).
1933 wird Andersch festgenommen und in das Konzentrationslager Dachau verbracht, wo er miterleben muss, wie seine Freunde und Genossen gefoltert und ermordet werden.
Anderschs 1929 verstorbener Vater war im Ersten Weltkrieg als Offizier schwer verwundet worden. 1918 war er Gründungsmitglied der rassistisch-nationalistischen „Thule-Gesellschaft". 1923 nahm er an Adolf Hitlers erstem Putschversuch teil. Diesen in den Augen der Nationalsozialisten großen Verdiensten seines verstorbenen Vaters verdankte Alfred Andersch, dass er – obwohl kommunistischer Funktionär – schon nach sechs Wochen aus dem KZ entlassen wurde.
Nach seiner Freilassung löst Andersch seine kommunistischen Verbindungen.
Er arbeitet bei Verlagen und verschiedenen Firmen als Werbefachmann. Während einer Reise in die Schweiz bietet sich ihm die Gelegenheit zur Emigration, er kann sich aber letztlich nicht zu diesem Schritt durchringen.
1935 heiratet er die „Halbjüdin" Angelika Albert; 1943 verlässt er sie und lässt sich scheiden, was ihr den relativen Schutz der Ehe mit einem „Arier" nimmt; sie überlebt jedoch mit Glück die Nazizeit.
1940 wird Andersch zur Wehrmacht eingezogen, zwischenzeitlich als „wehrunwürdig" entlassen und 1943 erneut eingezogen.
1944 desertiert er in Italien und ergibt sich amerikanischen Truppen.

1945 kehrt Andersch nach Deutschland zurück und findet eine Anstellung bei der „Neuen Zeitung" als Assistent von Erich Kästner, ehe er zusammen mit Hans Werner Richter die Zeitung „Der Ruf" begründet.

Die „Kollektivschuld"-These (das deutsche Volk in seiner Gesamtheit ist für alle Verbrechen des Nationalsozialismus verantwortlich) lehnt Andersch ab. Als unbedingter Gegner des Nationalsozialismus wendet er sich nach dessen Untergang umgehend der Gestaltung der Zukunft zu.

Deutschland soll souverän und ungeteilt zu einer Demokratie nach angelsächsischem Vorbild finden. Aber auch an kommunistischen Positionen, etwa der Verstaatlichung der Großindustrie, hält Andersch fest. Diese Haltung passt nicht in das Klima des beginnenden Kalten Krieges zwischen der UdSSR und den USA, und auf Druck der amerikanischen Verwaltung werden Andersch und Richter aus der Redaktion des „Ruf" entfernt.

1950 heiratet Andersch die Malerin und Bildhauerin Gisela Groneuer. Sie unternehmen zahlreiche, zum Teil abenteuerliche Reisen durch ganz Europa.

Andersch schreibt nun als freier Autor politische und literarische Essays für verschiedene Zeitungen, wird ständiger Mitarbeiter des Hessischen und des Nordwestdeutschen Rundfunks und ist Mitglied der Schriftsteller-„Gruppe 47". Er lernt nahezu alle bedeutenden Intellektuellen der jungen Bundesrepublik persönlich kennen. Als Hörfunkredakteur hat er die Gelegenheit, literarische Talente zu fördern. Es entwickeln sich zahlreiche beruflich fruchtbare Kontakte und lebenslange Freundschafen, unter anderem mit Arno Schmidt, Heinrich Böll und Max Frisch. 1955 – 1957 gibt er die Literaturzeitschrift „Texte und Zeichen" heraus.

1952 erscheint „Die Kirschen der Freiheit", eine mit politischen und philosophischen Überlegungen verbundene Beschreibung seiner Desertion.

1957 folgt der Roman „Sansibar oder der letzte Grund".

In beiden Büchern führt Andersch vor, dass nur genaueste Betrachtung der Realität und schonungslose Selbstzweifel zu menschlich verantwortbarem Handeln führen können und erteilt jeder Ideologie, Vermassung und Vertuschung eine scharfe Absage. Beide Bücher waren erfolgreich.

Andersch kann jetzt die „Brotarbeit" reduzieren. Er ist als freier Schriftsteller etabliert – ein Jugendtraum, dessen Verwirklichung durch Nazizeit, Kriegs- und Nachkriegsnöte überlang hinausgezögert wurde.

In den fünfziger und sechziger Jahren beobachtet Andersch mit Besorgnis und Abscheu, dass ehemalige Nazis Regierungsmitglieder werden und Hitlergeneräle NATO-Kontingente befehligen. Konrad Adenauer und Franz-Josef Strauß sind eifrig bemüht, die Bundeswehr mit Atomwaffen auszurüsten. Gleichzeitig wird im Ostblock, so Andersch, eine „Politik des geistigen Todes" betrieben, statt des „wahren Kommunismus" wird dort ein „falscher, faschistischer Kommunismus" verwirklicht.

Von den Hoffnungen, die 1945 zum zukunftsträchtigen „Jahr Null" machten, ist wenig geblieben. Andersch und seine Kollegen und Freunde haben kaum politischen Einfluss. Die Gedanken der geistigen Elite erreichen nur eine kleine Minderheit. Die große Masse, in einer „Pseudo-Demokratie" von der Obrigkeit gelenkt, ergibt sich einem gedanken- und kritiklosen Konsumrausch.

1958 verlegt Andersch, zusammen mit seiner Frau und ihren Kindern, seinen ständigen Wohnsitz in die Schweiz und wird 1972 Schweizer Staatsbürger.

Die politische Entwicklung in Deutschland beobachtet er weiter mit Anteilnahme und greift, unterbrochen von Perioden resignierten Schweigens, mit oft heftigen Polemiken in die öffentliche Diskussion ein. So bleibt er einer der meist beachteten und umstrittenen Autoren, wenngleich er mit späteren Arbeiten die Wirkungskraft seiner ersten Bücher nicht wiederholen kann.

Alfred Andersch stirbt nach langer schwerer Krankheit am 21.2.1980.

Werke von Alfred Andersch (Auswahl)

Die Kirschen der Freiheit (1952)

Andersch berichtet autobiografisch von seiner persönlichen Entwicklung unter den Bedingungen der politischen Ereignisse von 1919 bis 1945. Im scharfen Gegensatz zu seinem kleinbürgerlich-patriotischen Elternhaus wird Andersch kommunistischer Funktionär und erlebt den Nationalsozialismus nicht nur als politische Katastrophe, sondern auch als persönliche Niederlage.

1944, gezwungenermaßen Soldat der deutschen Wehrmacht, desertiert Andersch und ergibt sich in Italien amerikanischen Truppen. Diese existenzielle Gewissensentscheidung, mit der er sich „für einen Tag aus dem Schicksal der Massen befreit", wird für ihn zum Modell politischer und moralischer Entscheidung überhaupt.

Die Rote (1960, Neufassung 1972)

Franziska – nach ihrer Haarfarbe „Die Rote" genannt –, eine dreiunddreißigjährige deutsche Dolmetscherin, verlässt unzufrieden und gelangweilt ihren Mann und reist ins winterliche Venedig. Dort lernt sie den italienischen Musiker Fabio kennen, der sich von seiner kommunistischen Vergangenheit losgesagt hat, den in Italien komfortabel untergetauchten Nazi-Verbrecher Kramer und den ehemaligen britischen Offizier Patrick, der mit Kramer eine alte Rechnung zu begleichen hat.

Die Hauptfigur Franziska ist an der Handlung vorwiegend durch überlegene Kommentierung beteiligt. Immerhin wirkte die Figur einer selbstbewussten, egoistischen und völlig unabhängigen Frau im Jahre 1960 einigermaßen faszinierend.

Efraim (1967)

George Efraim ist ein vierzigjähriger Journalist britischer Staats- und jüdischer Religionsangehörigkeit. Seine Eltern sind in Auschwitz umgebracht worden. Efraim ist in London verheiratet, arbeitet als Korrespondent in Rom und kommt 1962 nach Berlin. Er soll über die politische Situation im geteilten Deutschland berichten und dem Schicksal eines verschollenen jüdischen Mädchens nachforschen.

Die Erinnerung an seine Jugend in Deutschland verschränkt sich mit aktuellen politischen Problemen. Efraim strebt Aufklärung an, doch seine persönliche Situation kompliziert sich zusehends. Um die Widersprüche historischen Geschehens und seines eigenen Lebens aufzuarbeiten, schreibt er ein Buch: nämlich das Buch „Efraim".

Winterspelt (1974)

Der Roman ist aus den Perspektiven verschiedenster Personen und historischer Dokumente montiert.

Ein deutscher Major hegt gegen Ende des Krieges den Plan, sich mit seiner gesamten Einheit den ihm gegenüberstehenden amerikanischen Truppen zu ergeben. Unterstützt wird er von einer Lehrerin, einem alten Kommunisten und einem Kunsthistoriker, der zwischen den feindlichen Linien umherstreift, um ein von den Nationalsozialisten bedrohtes Bild zu retten. Der Plan des Majors scheitert – vordergründig, weil der Kunsthistoriker auf einem Kuriergang im Niemandsland erschossen wird.

Anderschs Hauptthema ist erneut die Frage, wie Individuen einem historischen Verhängnis entkommen oder wie sie, wenn das Entkommen nicht gelingt, eine ihnen selbst angemessene Haltung bewahren können.

Der Vater eines Mörders (1980)

Die letzte einer Serie autobiografischer Erzählungen um Alfred Anderschs Alter Ego Franz Kien.

Der vierzehnjährige Franz berichtet von einer Griechischstunde im Jahre 1928, in deren Verlauf der Schuldirektor eingreift, den Lehrer schikaniert und Kien und einen Mitschüler der Schule verweist. Franz ist von der Brutalität des umfassend gebildeten und der „Münchner Créme" angehörigen Direktors entsetzt. Er erinnert sich, dass sein

Vater ihn vor diesem Mann gewarnt hat: „Vor dem alten Himmler nimm dich in Acht! Der Mann ist gefährlich!" Im Unterschied zu seinem Sohn: „Der junge Himmler ist schwer in Ordnung."

Die authentische Momentaufnahme der Weimarer Republik ist gesättigt mit der heraufdämmernden Katastrophe des Nationalsozialismus, da der Leser – obwohl es außer im Titel unausgesprochen bleibt – keine Sekunde vergessen kann, dass der Sohn des Schuldirektors der kommende Massenmörder Heinrich Himmler ist.

Romane und Erzählungen über Jugendliche im Dritten Reich

Curt Corrinth: Die Sache mit Päker

Deutschland 1930. Geschichtslehrer Päker ist Mitglied der erstarkenden NSDAP und nutzt jede Gelegenheit, seine Ansichten unter den Schülern zu verbreiten. Zudem schikaniert er den sechzehnjährigen Schüler Jakob Lewin, weil dieser Jude und sein Vater ein linker Journalist ist. Eines Tages beschimpft er Jakob vor versammelter Klasse als „feigen Orientalen" und „Judenlümmel".
Die sechs Freunde vom Geheimclub der „Trojaner" stellen sich vor Jakob, verlassen mit ihm die Schule, verstecken sich in ihrem Lager vor der Stadt und versuchen, eine Entschuldigung Päkers und seine Entfernung von der Schule durchzusetzen.

Franz-Josef Degenhardt: Zündschnüre

Deutschland 1944 – 45. Die letzte Schule in einer kleinen Industriestadt ist abgebrannt, und der vierzehnjährige Fänä und seine Freunde beschäftigen sich mit dem „Organisieren" von Lebensmitteln und Alkohol und führen einen Kleinkrieg gegen die Hitlerjugend. Weil ihre Väter an der Front oder im KZ sind, müssen die Arbeiterkinder viel Verantwortung übernehmen. Von einer kommunistischen Widerstandsorganisation werden sie als Kuriere und Spione eingesetzt. Sie verstecken und betreuen Juden, Deserteure und Zwangsarbeiter, die vor den Nazis auf der Flucht sind.

Günther Grass: Katz und Maus.

Deutschland 1943 – 45. Der siebzehnjährige Schüler Joachim Mahlke ist ein verklemmter Junge mit Anlage zum Klassenclown. Es ist typisch, dass er wegen seines auffälligen Adamsapfels gehänselt wird. Mahlke versucht sein Selbstbewusstsein und seine Stellung in der Schule durch sportliche Höchstleistungen zu steigern – mit Erfolg:

Seine Kameraden nennen ihn den „Großen Mahlke".

Im Zweiten Weltkrieg war das „Ritterkreuz" der höchste deutsche Orden und wurde an einem Band um den Hals getragen. Der große Mahlke will das Ritterkreuz erwerben, um damit seinen Adamsapfel zu verdecken und meldet sich freiwillig an die Front: der Krieg als Fortsetzung der Pubertät mit anderen Mitteln.

Siegfried Lenz: Deutschstunde

Deutschland 1942 – 45. Einem Maler wird von den Nazis ein Malverbot erteilt, das der örtliche Dorfpolizist überwachen muss. Zwischen den beiden alten Freunden entwickelt sich ein listenreicher und schließlich erbitterter Kampf. In das Geschehen verwickelt wird Siggi, der Sohn des Polizisten, der von seinem Vater beauftragt wird, die verbotenen Bilder zu suchen, von dem Maler dagegen, die Bilder zu schützen.

Auch nach dem Krieg hat Siggi den Konflikt nicht verarbeitet. Er stiehlt aus einem Museum ein Bild, das er für bedroht hält. Im Jugendgefängnis vor die Aufgabe gestellt, einen Aufsatz zu dem Thema „Die Freuden der Pflicht" zu schreiben, schildert Siggi seine Erlebnisse als Jugendlicher im „Dritten Reich".

Literaturverzeichnis

Heidelberger-Leonard, Irene: Alfred Andersch: Perspektiven zu Leben und Werk, Opladen 1994.

Reinhardt, Stephan: Alfred Andersch. Eine Biographie, Zürich 1990.

Haffmanns, Gerd (Hg.): Über Alfred Andersch, Zürich 1987.

Wehdeking, Volker (Hg.): Zu Alfred Andersch, Stuttgart 1983.

Haffmanns, Gerd (Hg.): Das Alfred Andersch Lesebuch, Zürich 1979.

Weber, Albrecht: Ein Roman in der Hauptschule, München 1974.

Schmidt, Arno: Deutsches Elend, Bargfeld 1984.

Bühlmann, Alfons: Zu der Faszination der Freiheit, Berlin 1973.